멘탈 아츠

STRESS TO TATAKAU HIBI NI YASURAGI WO TORIMODOSU OKORUGIHO

© 2023 Ryushun Kusanagi

Originally published in Japan in 2023 by MAGAZINE HOUSE CO.,LTD. , TOKYO,

Korean translation rights arranged with MAGAZINE HOUSE CO.,LTD. , TOKYO,

through TOHAN CORPORATION, TOKYO, and EntersKorea Co., Ltd., SEOUL

MENTAL

부처의 지혜로 배우는 제대로 화내는 기법

멘탈
아츠

구사나기 류슌 지음   박수현 옮김

A R T S

On angry realities based upon original buddhism

한가한오후

화로 가득한 세상을 살아갈 수 있도록

당신에게 '지혜의 검'을 건넵니다.

화내기부터 시작하자.
단, 제대로!

먼저 감히 말씀드리겠습니다. "화내도 됩니다!"

'화내면 안 돼.' 하고 참지 마세요. '화를 내 버렸네.' 하고 자책하지도 마세요. 화를 내면 안 되는 것이 아니라 **화를 내는 데 서툴렀을 뿐**이라고 생각을 바꾸세요.

누구나 살다보면 화나는 일을 겪게 됩니다. 화나는 일은 얼마든지 있으니까요. 고민되는 인간관계에, 진척되지 않는 일, 부정적이고 과시하는 말이 난무하는 인터넷과 SNS, 무엇 하나 결정하지 못하는 정치와 앞이 캄캄한 세계 정세, 늘어나는 생활비와 노후에 대한 불안, 질병, 사고, 재난, 느닷없이 터지는 유산 관련 싸움까지….

아, 그만! 스트레스로 폭발할 지경 아닌가요?

이런 상황에서 화를 내면 안 된다고 말할 수 있는 사람이 있을까요?

화내도 됩니다. 설마 스님에게 이런 말을 듣게 되리라고는 생각도 못했을 겁니다. 그만큼 불만을 가진 사람이 많다는 뜻이겠지요. 지나가다 민폐를 끼치는 타인도, 업무와 가사, 육아에 대한 고민도, 잊히지 않는 예전 일도, 내일에 대한 불안과 쉽지 않은 삶도 모두 화나는 일입니다. 여러분이 그 화를 잘 극복했으면 합니다.

원래 불교라는 게 평온함을 되찾는 방법이고, 불교 경전에는 화에 관한 많은 지혜가 담겨 있습니다. 저는 스트레스로 가득한 일상을 살아가는 여러분의 마음을 치유하고자 이 책을 쓰게 되었습니다.

화는 참는 게 아닙니다. 잘 대처하면 되는 것입니다. 어떻게? 이렇게요!

1. 화는 '흘려버리는' 것

자잘한 스트레스나 이제 와서 어쩔 수 없는 과거의 화는 빨리 잊는 게 상책입니다. 하지만 마음이란 집요한 법이라문득문득 생각이 나서 화가 치밀어오르곤 합니다. 그런 화를 흘려버리는 요령을 알아둡시다.

2. 화는 '피하는' 것

불편한 사람이나 강압적인 상대, 집요하게 시비 거는 사람과 거리를 두는 방법, SNS와 마주하는 방법 등 화를 잘 피하는 기술을 익혀둡시다.

3. 화는 '돌려주는' 것

갑자기 무례한 말을 퍼붓는다거나, 일방적인 요구를 강요한다거나, 이쪽이 하는 이야기를 전혀 들어주지 않는다? 이런 상대와는 승부를 봐야 합니다. 어떻게 이야기를 풀어나갈 것인지, 어떻게 '돌려줄' 것인지 그 방법들을 정리합니다.

4. 화는 '활용하는' 것

다른 사람에게 져서 분하거나 '지금처럼 해서는 안 돼.'라는 위기감이 든다면, 이런 마음을 미래를 위한 에너지로 활용할 수 있습니다. 화에서 빠르게 회복하는 방법도 배워둡시다.

우리가 쉽게 '화'라고 말하는 이 감정 하나에도, 대처할 수 있는 기술이 이렇게나 많습니다. 이 책에서는 이러한 다양한 기술들을, 혼자서 할 수 있는 간단한 기술부터 성가신 사람 또는 과제와 마주하는 고난도 기술까지 단계별로 정리해 놓았습니다.

말하자면, 게임처럼 각 스테이지를 클리어하며 레벨업을 해서 마지막에는 최종 보스, 그러니까 가장 상대하기 버거운 상황(또는 사람)을 극복하는 것이지요.

그렇게 모든 기술을 컴플리트(습득)하면 그 어떤 상대라도 맞설 수 있는 강한 자신을 손에 넣을 수 있을 것입니다.

이런 기술들의 집대성이 바로 이 책의 제목인 멘탈 아츠 – 부처의 지혜로 배우는 제대로 화내는 기법(이하 '멘탈 아츠 – 제대로 화내는 기법')입니다.

굳이 기법이라는 딱딱한 말을 택한 이유는 바로 당신에게 기술과 방법이 필요하기 때문입니다. 화라는 감정을 풀어내는 기술과 현실을 제대로 마주하는 방법, 이 두 가지를 '마음의 달인, 부처'에게 배워봅시다.

부처는 마음의 움직임을 터득하여 모든 괴로움을 이겨낸, 누구보다도 강한 인물입니다. 그의 가르침은 고대 인도의 초기 불교 경전에 기록되어 있습니다.

그래서 그 말을 파헤치고 그 뒤에 숨어 있는 '기술과 방법'을 풀어내어 현대에도 활용 가능한 기법으로 정리하여 이 책에 담은 것입니다.

이 책을 통해 어떤 상황에서도 적용할 수 있는 멘탈 아츠 Mental Arts, 마음의 기술를 당신에게 전하고자 합니다. 적으로부터 몸을 지키는 기술을 마셜 아츠Martial Arts, 격투기, 마음이 풍요로워지는 지식과 사상을 리버럴 아츠Liberal Arts, 교양라고 부르듯이 마음을 지키는 방법을 멘탈 아츠, 즉 '마음의 기술'이라고 부르겠습니다.

이 책에서 소개하는 마음의 기술을 익히고 나면 당신의 일상은 완전히 달라질 것입니다. 자잘한 화를 빠르게 흘려버리고, 성가신 상대도 냉정하게 마주하며, 어떤 난관에 부딪쳐도 동요하지 않고 빠르게 상황을 극복하면서, 항상 나답게 평온한 일상을 보낼 수 있습니다.

마치 강적에게 둘러싸인 검객이 과감한 기술을 유려하게 구사하면서 이쯤은 별것 아니라는 표정으로 위기를 헤쳐나가듯, 당신도 그렇게 강해질 수 있을 것입니다.

인생에는 반드시 스트레스가 따르기 마련입니다.

그럴 때마다 화를 품은 채 웅크리고 있으면 몸이 견디지 못합니다.

중요한 것은 화가 났을 때 어떻게 대처해야 하는지 아는 것, 그리고 기술을 쓰는 것입니다.

어떤 상황에서도 '나한테는 기술이 있으니까 괜찮아!'라고 생각할 수 있는 사람을 목표로 해야 합니다.

아무리 화가 나도 기술을 사용하면 풀 수 있습니다. '멘탈 아츠 – 제대로 화내는 기법'이 든든한 아군이 되어 줄 테니까요.

스트레스로 가득한 일상을 희망차게 살아가기 위해서!

자, 마음의 단련을 시작합시다.

구사나기 류슌

| 차례 |

'제대로 화낼 줄 아는 사람'을
목표로 하라

당신 잘못이
아닐 수도 있다

먼저 냉정하게 생각해봅시다. 당신이 지금 무언가에 화가 나 있다면 그것은 누구 때문일까요? 화를 낸 자신? 아니면 화나게 만든 상대방?

예를 들어, 전철에서 누군가에게 발을 밟혀 화가 치밀었다고 합시다. 화를 낸 것은 자신입니다. 하지만 화가 나게 한 것은 내 발을 밟은 누군가입니다.

보통은 '화내면 안 돼.' '어른스럽지 못하게 고작 이런 일로 화를 낼 수는 없지.' 하고 넘어갑니다. 하지만 누군가가 나를 괴롭힐 목적으로 일부러 발을 밟았다면? 또는 매일 이런 일을 당한다면? 그래도 참을 수 있을까요? 자칫하면 매일을 우울한 기분으로 보내야 하는데도요?

당신이 늘 왠지 모르게 짜증이 나 있다거나 무언가에 화가 나 있다면, 도대체 그 원인이 무엇일까요? 답은 하나뿐입니다. 그건 바로 당신이 화에 잘 대처하지 못했기 때문입니다.

뒤집어 말하면, 화에 잘 대처만 하면 화를 품고 살 일도 없다는 말입니다.

화가 나면 기술을 쓰자

대부분의 사람들이 화내는 데 서툽니다. 정확히는 화라는 감정을 어떻게 대해야 하는지 잘 모릅니다.

그래서 일단 화가 치밀면 그 화를 어떻게 풀어야 할지 몰라 당황합니다. 대부분은 누군가의 언행 때문에 화가 나도 입을 꾹 다물거나 웃으며 얼버무립니다. 그러다 보니 아주 오래전 일까지도 마음에 담아두고 삽니다. 강압적인 상대에게는 더더욱 아무 소리도 못 합니다.

그렇게 풀지 못한 화가 점점 쌓여서 사람에 따라서는 몇 년, 혹은 평생을 그렇게 화를 품은 채 살아가게 됩니다.

누구든 하루 종일 움직여서 땀을 흘리고 나면 몸을 씻습니다. 물건을 쓰고 나면 정리하고, 옷이 더러워지면 세탁을 합니다. 그대로 두면 찝찝하니까요.

화도 마찬가지입니다. 화가 나면 잘 풀어야 합니다. 피할 수 있다면 처음부터 '피하는' 게 좋지만, 이미 화가 났다면 빨리 풀어버려야 합니다. 성격이 맞지 않아 만나기만 해도 스트레스가 쌓이는 상대라면 다시 생각해봐야 합니다.

화를 참기보다는 화에 잘 대처하는 방법을 배우는 것이 훨씬 중요하다는 말입니다.

한 가지 더 있습니다. 우리는 날마다 많은 사람을 만납니다. 마음이 맞지 않는 사람, 말이 통하지 않는 사람, 강압적인 사람, 자존심이 센 사람, 늘 화가 나 있는 사람, 때로는 이유 모를 적대감이나 질투를 드러내는 사람도 만납니다. 그중에는 위험한 사람이 숨어 있을 수도 있습니다.

이런 사람들 앞에서 억지로 화를 참거나 무심코 화를 냈다가 나중에 자책한들 아무런 의미가 없습니다. 나는 또 같은 일을 반복할 것이고, 상대 역시 변하지 않을 것이기 때문입니다.

게다가 내 화를 돋우는 사람이 꼭 한 명이라는 법도 없습니다. 바깥세상은 타인으로 가득합니다. 내 방을 나가면 가족이, 집 밖에는 이웃이, 그리고 그 너머에는 직장과 학교, 사회가 펼쳐져 있습니다. 심지어 이제는 SNS와 인터넷상에서까지 낯선 타인을 만나게 됩니다.

이처럼 우리는 타인에게 둘러싸인 넓은 세상을 마음 하나로 상대하고 있습니다. 너무너무 불안하지 않은가요?

그렇다고 도망칠 수는 없습니다. 우리는 이 세상을 살아가야 하고, 앞으로도 계속 타인을 상대해야 합니다.

그렇다면 우리는 무엇을 할 수 있을까요? 확실하게 말할 수 있는 것은 오직 하나, 바로 마음의 기술을 갖추는 것입니다. 즉 화가 날 때 어떻게 대처하는지 아는 것입니다. 이제 우리의 목표는 '제대로 화낼 줄 아는 사람'이 되는 것입니다. 그러니 앞으로는 이렇게 생각해봅시다!

하나, 화를 참지 않는다.
둘, 자신을 탓하지 않는다.
셋, 화가 나면 기술을 쓸 생각을 한다.

나에게는 기술이 있으니까 어떤 일이 닥쳐도 괜찮아! 이렇게 생각하는 자신을 목표로 하는 것입니다.

'나쁜 것은 나인가, 상대인가?'
화가 나는 원인을 먼저 생각하자

자, 그럼 첫 번째 기술부터 익혀봅시다. 앞으로 무언가에 화가 나면 바로 이렇게 생각하세요. '지금 내가 누구 때문에 **화가 났지? 정말 나 때문인가? 아니면 상대 때문인가?**' 화가 나는 원인을 분명하게 나눠보는 것입니다.

다음과 같은 경우 원인을 제공한 사람은 누구일까요?

① 상대방이 갑자기 고함을 질렀다, 폭력을 휘둘렀다 - 두말할 것도 없이 원인을 제공한 사람은 상대방입니다.

② 나는 아무 말도 하지 않았는데 상대가 무례한 말을 퍼부었다. 빈정거림, 비아냥, 트집, 중상 비방, 아무 이유 없이 욕을 하고 근거 없는 소문을 퍼뜨렸다 – 이것도 역시 상대방이 원인입니다.

③ 밖에서 민폐를 끼치는 타인과 마주쳤다. SNS상에서 모르는 사람이 시비를 걸었다 – 이 역시 상대방이 원인입니다.

④ 따돌림을 당했다, 괴롭힘을 당했다, 갑질을 당했다, 직장 내 괴롭힘을 당했다 – 이 또한 당연히 상대방이 원인입니다.

⑤ 그동안 부모의 지나친 간섭과 지배욕, 과도한 기대에 휘둘렸다 – 이것도 상대방이 원인입니다.

이렇게 보면 대부분의 경우 다른 사람 때문에 화가 난다는 것을 알 수 있습니다. 화를 낸 것은 분명 자신이지만 원인을 제공한 것은 내가 아닌 다른 누군가입니다. 어쩌면 그 사람이, 어쩌면 세상이 원인일지도 모릅니다. 그럴 가능성은 없는지 생각해보세요.

'지금 화가 나는 원인은 따로 있다. 나는 잘못하지 않았다.' 이런 확신이 들면 화를 반으로 줄일 수 있습니다.

"하지만 남 탓으로 돌리면 안 되지 않나요?" "그래도 역시 제 잘못 같아요." 이렇게 말하고 싶은 사람도 있을 것입니다. 망설이게 되는 마음도 이해합니다.

하지만 여기서는 단순하게 팩트에 대해서, 시간순에 따라 어떤 일 때문에 화가 났는지에 대해 이야기해보자는 것입니다. 그 첫 번째 사건, 즉 화를 내게 된 원인을 제공한 사람이 누구인지를 생각해보자는 것입니다. 그러니 이렇게 생각해보세요.

그 사람이 그렇게 말하기 전까지 혹은 그렇게 행동하기 전까지 나는 화가 나지 않았다.

상대방이 그렇게 말하지 않았더라면 혹은 그렇게 행동하지 않았더라면 나는 화를 내지 않았을 텐데….

이런 생각이 든다면 화가 난 원인을 제공한 사람은 상대방입니다. 그러니 화의 원인은 상대에게 있습니다! 이런 화를 '상대 발신 화'라고 부르기로 하겠습니다. '상대 발신 화'에서 지나가다 민폐를 끼치는 타인에게 화가 나면 '타인 발신 화'이고, 불합리한 사회에 화가 나면 '사회 발신 화'인 셈입니다.

한편, 자신이 무심코 쓸데없는 말을 하는 바람에 상대와 싸웠다든지, 화를 내지 않아도 될 상황에서 화를 냈다든지, 자신에게 책잡힐 만한 문제가 있었다면 화의 원인은 나 자신에게 있습니다. 이것은 '자기 발신 화'로 분류합니다.

이제 우리는 화를 두 가지로 나눌 수 있습니다. '자기 발신인가, 상대 발신인가?' 이렇게 말입니다.

'화내지 않는 것'이 반드시 옳은 것은 아니다

자기 발신인가, 상대 발신인가? 왜 가장 먼저 '나누는' 기술부터 소개했을까요? 그 이유는 화를 내고 싶어도 내지 못하는 사람이 많기 때문입니다.

제멋대로 구는 상대 때문에 고생하는 사람, 무례한 말을 듣고 깊은 상처를 받은 사람, 무시당해서 분한 마음이 드는 사람, 강압적인 상대에게 형편없는 대우를 받고 있는 사람,

사회적 약자라서 아무 말도 못 하는 사람, 성격이 좋아서 되받아칠 줄 모르는 사람, 마음을 전하는 데 서툰 사람….

이런 사람들은 상대방에게 화를 돌려주지 못해서 혼자 괴로워합니다.

그런데 반대로, 화나게 만든 사람은 의외로 아무렇지도 않습니다. 이런 사람일수록 자기가 다른 사람에게 상처를 줬다거나 괴롭히고 있다는 자각이 없습니다. 오히려 당연한 일이라고 생각합니다. 세상에는 두 종류의 사람이 있는 것 같습니다. 화나게 만들고도 아무렇지 않은 사람과 화나는 일을 당해서 괴로워하는 사람.

이런 현실은 고통스러울 뿐입니다. 고통받고 있는 사람이야말로 화를 내야 합니다.

그런데 왜 자꾸 화를 품고만 있는 걸까요? 근본적인 이유는 바로 '기술이 없기' 때문입니다.

'어차피 내 잘못인걸.' '나만 참으면 되니까.' '상대를 더 화나게 할까 봐 겁나.' '주위 사람에게 폐를 끼칠 수는 없어.' 이처럼 제멋대로 생각하며 화를 덮어두기 때문입니다.

화가 나는 원인을 두 가지로 나눌 수 있게 되면 화를 반으로 줄일 수 있습니다.

적어도 자신은 잘못하지 않았다는 사실을 알 수 있게 됩니다.

화가 난다. 원인이 무엇인가? 누구 때문인가? "시간을 두고 냉정하게 생각해보세요. 의외로 자신은 참고 있었을 뿐, 화가 나게 한 사람은 상대일 수 있습니다." 이렇게 생각할 수 있게 되면 희망이 보이는 것입니다.

화가 나는 원인이 상대에게 있다면 상대에게 돌려줘야 합니다.

상대 발신 화는 상대에게 돌려주세요.

'돌려줘? 돌려준다는 게 뭐지?'

화를 화로 돌려주면 싸움만 날 뿐입니다. 더 효과적인 기술이 있습니다. 이어서 자세히 살펴볼까요?

잠자코 있으면
앞으로 나아갈 수 없다

'화의 원인이 상대에게 있다면 상대에게 돌려준다.' 이것에 관해 본격적으로 이야기하기 전에 한 가지 에피소드를 소개하겠습니다. '내가 이 사람이라면 어떻게 할까?'라는 관점에서 읽어보세요.

그 남성은 사십대 후반의 회사원이었습니다. 직장에서 대인관계가 좋지 않아 한직으로 내몰린 게 불만이라며 저를 찾아왔습니다.

한눈에 보기에도 남성의 입은 '입꼬리가 처져' 있고, 미간에는 깊은 주름이 새겨져 있습니다. 주변 사람들이 충분히 꺼릴 만한 분위기를 풍깁니다.

'이 화는 어디서 비롯되었을까요? 도대체 원인은 누구에게 있을까요? 짐작 가시는 일이 있나요?' 남성에게 물어보았습니다.

그러자 남성은 아버지에 관한 이야기를 꺼냈습니다. '아버지는 항상 화를 냈다, 갑자기 고함을 지르거나 때렸다, 왜 그랬는지 지금도 이해되지 않는다'며 그는 분통을 터뜨렸습니다.

그는 성인이 된 후로 가슴속에 쌓인 화를 풀어내기 위해 공부와 취미인 격투기에 몰두했다고 합니다. 하지만 화는 가시지 않았고, 계속 무언가에 화만 내다가 결국 '모든 일이 즐겁지 않은' 지금에 이르고 말았습니다.

남성의 말에 따르면 그의 아버지는 화와 오만덩어리였습니다. 도대체 뭐가 마음에 안 드는지 도통 알 수가 없고, 항상 자기 마음대로 호통을 치고 날뛰는 데다 반성도 전혀 하지 않았다고 했습니다. 결혼해서 손주를 보여주러 갔을 때도 "네 아버지는 인생의 패배자야."라고 말하며 남성을 비웃었다고 합니다.

이 얼마나 자식을 멸시하는 오만방자한 인물이란 말입니까. 아무래도 남성이 품은 화의 원인은 아버지인 것 같았습니다. 아버지가 원인인 상대 발신 화! 바로 아버지의 말과 행동에 계속 화가 나 있었던 것입니다. 제가 물었습니다.

"당신은 그 화를 풀고 싶으신가요?"

"당연하죠."

"그렇다면 해야 할 일이 있어요. 그게 무엇인지 알겠나요?"

글쎄요, 하고 남성은 고개를 갸웃거렸습니다. 저는 이렇게 말했습니다.

"아버지한테 이야기하세요. 화가 났다고 이야기하세요. 아버지한테 하고 싶었던 말을 전부 말하세요."

'어디 한번 붙어보자'고 할 때도 있어야 한다

────────

남성은 당황해서 이렇게 말했습니다. "아니, 아주 오래전 일이에요." "부모님도 이제 연세가 많으시고요." "지금은 사이가 좋아요. 전화도 자주 하시고, 다음에도 본가에 놀러 오라고 하셨어요." 그렇게 열심히 아버지를 변호했습니다.

이는 부모에게 화를 품은 자식들에게서 '흔히 나타나는 현상'입니다. 아버지가 무서운 것인지, 아니면 아버지를 배려하는 것인지, 불만이 쌓여 있는데도 감싸기에만 급급할 뿐 마음을 전하려 들지 않았습니다.

저는 남성에게 다음과 같이 진실을 전했습니다.

상대로 인한 화는 상대에게 말하지 않으면 아무 소용 없다. 마음은 다른 사람에게 이해받을 때 비로소 치유된다.

보통 화가 나면 사람들은 대부분 다음과 같은 다섯 가지 방법으로 대처합니다. '참는다, 되받는다, 얼버무린다, 도망친다, 잊는다.'

하지만 해볼 수 있는 방법이 한 가지 더 있습니다.

자신의 마음을 상대에게 전하는 것! "나는 화가 났다. 그것을 알아주면 좋겠다." 이렇게 말하는 것입니다. 이것이 바로 '화를 돌려준다'는 말의 의미입니다.

"절대 그렇게 못 하죠.""말로 해서 될 상대가 아니에요." 이처럼 바로 거부하고 싶은 사람도 있겠지요. 어떤 사람은 "그런 말을 했다가 무슨 사달이 날 줄 알고." 하면서 긴장으로 몸이 굳어버릴지도 모릅니다. 물론 잘 압니다.

하지만 심호흡을 하고 한번 생각해보세요. 화가 나는데도 '말을 못 한다'는 것은 그만큼 전하지 못한 마음을 속에 품고 있다는 뜻입니다. 자연스럽게 전할 수 있는 상대라면 애초에 그렇게 스트레스를 받지도 않겠지요. 오랫동안 화를 품고 있다는 것은 그만큼 무리하고 있다는 증거입니다.

그럼 상상해보세요. 만약 상대방에게 자신의 마음을 전할 수 있다면 어떨까요?

"나는 이렇게 느껴요. 이런 마음을 아나요?"

"그때 나는 이렇게 생각했어요. 당신은 기억하나요?"

만약 상대가 "그랬군요. 잘 알겠어요(미안해요)."라고 말해준다면 어떨까요?

마음이 전해졌다! 그 순간 비로소 과거의 화도, 슬픔도, 외로움도 잊히기 시작합니다.

마음은 전하는 것이고, 그게 가장 자연스러운 일입니다. 화도 예외가 아닙니다.

'그런데 말할 수 없다? 어째서? 어떻게 하면 말할 수 있을까?'

이 문제는 차차 풀어나가도록 하겠습니다.

우선은 이것부터 기억해두세요.

상대가 불러일으킨 화, 타인이 화의 원인이라면 기본적으로 '돌려준다!'

화가 나면 이해시킨다. 마음을 전한다.

남성은 미간에 한층 더 깊은 주름을 새기며 크게 낙심한 표정으로 "생각해볼게요."라는 말을 남긴 채 돌아갔습니다.

얼마 지나지 않아 그에게서 연락이 왔습니다. 놀랍게도 아버지와 이야기를 했다고 합니다.

"본가에 갔을 때 아버지의 모습을 관찰해봤어요. 아주 거만한 말투로 말씀하신다는 걸 깨달았죠. 저거 가져오라든지, 이걸 하라든지 하면서 모든 걸 당연하다는 듯 명령하시는 거예요. 어머니는 그저 시키는 대로 다 하시고요."

남성은 일부러 말수를 줄여봤다고 한다. 그의 무뚝뚝한 태도에 처음에는 의아해하던 아버지가 나중에는 언짢아하더니 결국에는 화가 치밀어 이렇게 호통을 쳤다고 한다.

"뭐야, 그 태도는!"

남성은 저도 모르게 되받아쳤습니다.

"그건 제가 할 말이에요. 몇십 년을 당신 하고 싶은 대로 하고 사셨잖아요!"

어머니는 침묵했습니다. 식탁을 사이에 두고 아버지와 아들은 잠시 서로를 노려보았습니다. 드디어 '대결'이 성립되는 순간입니다. '어디 한번 붙어보자'고 한 것입니다.

다만, 이때의 싸움이란 감정이 부딪치며 서로 욕을 하는 싸움이 아닙니다. 자신이 무엇에 화가 났는지 알려주는 것이고, 내 마음을 '알아달라'고 전하는 것입니다.

남성은 숨을 거칠게 몰아쉬며 울면서 그동안 숨겨왔던 속마음을 말로 전했습니다.

아버지는 잠자코 듣고 있었고, 어머니는 울고 있었습니다.

40년이 지나서야 아버지에게 마음을 전할 수 있었습니다.

돌아오는 길에 차를 운전하면서도 떨림과 눈물이 멈추지 않았다고 합니다. 이런 말도 했습니다. "그렇게 무서웠던 아버지가 그냥 한 사람의 노인으로 보였어요."

그리고 덧붙였습니다. "말하지 않으면 아무 소용 없더군요. 이제야 뭔가 달라질 것 같아요."

무작정 화를 내지 말고 이해시키자

화를 돌려준다는 것은 화까지 포함한 내 마음을 전한다는 말입니다. 상대에게 내 마음을 이해시키는 것이지요.

'나는 줄곧 화가 나 있었어. 그 화가 아직도 풀리지 않았어.' 이런 사람은 먼저 화의 원인이 누구한테 있는지, 자신인지 상대인지부터 파악해야 합니다. '나는 무엇에 화가 났을

까? 언제부터 화가 났을까? 그 사람 혹은 그 일 때문이야! (화가 난 원인이 무엇인가)'

그렇게 생각되면 이번에는 '이것은 상대에게 돌려줘야 해! (이해시키면 안 되는가)'라고 생각합니다.

'상대 발신 화는 상대에게 돌려준다'는 것은, 구체적으로 다음 세 가지에 대해 이해시키는 것입니다.

① 무슨 일이 있었는가(사실)

'이런 일이 있었어요, 이런 말을 들었어요, 기억하나요? 이 사실을 알아주었으면 합니다.' 이렇게 이야기하고 싶은 일에 대해 말합니다.

② 무엇을 느꼈는가(감정)

'고통스러웠어요, 화가 났어요, 슬펐어요, 이대로는 납득할 수 없어요.' 이처럼 솔직한 마음을 말로 전합니다.

③ 어떻게 하고 싶은가(바람)

'나는 이렇게 하고 싶어요, 이렇게 해주었으면 해요, 이렇게 해주면 기쁘겠어요 혹은 고맙겠어요.' 이렇게 원하는 것을 말합니다.

즉 사실과 감정과 바람에 대해 이해시키고자 하는 것입니다. 이 세 가지를 토대로 '나는 무엇을 이야기하면 좋을까(무엇을 알아주면 납득하게 될까)?' 하고 생각해봅니다.

"이야기하라니, 말도 안 돼요. 말해서 알아들을 상대가 아니에요."

"상대가 어떻게 나올 줄 알고요. 도저히 무서워서 못 하겠어요."

이런 마음이 드는 사람에 관해서는 뒤에 더 자세히 다루겠습니다.

다만, '돌려준다'는 생각은 상대에게 직접 전하지 않더라도 **자신의 마음을 정리하는 것만으로도 중요한 의미**가 있습니다. 기술을 써서 짜증과 답답한 감정을 정리하는 것만으로도 자신이 무엇에, 누구에게, 왜 화를 내고 있는지가 분명해집니다.

마음이 분명해졌다면 이제 한 발 더 앞으로 나아갑니다. 즉 화를 상대에게 **돌려줄**(전할) 것인지, 분노를 도약의 발판으로 삼아 **활용할** 것인지, 자기 마음속에서 **흘려버릴**(잊을) 것인지 선택할 수 있게 됩니다. 지금부터 이런 기술들을 하나씩 배워보도록 합시다.

다만 이때 제멋대로 화만 내서는 안 된다(부족하다)는 점을 잊지 않았으면 합니다. 여기서 말하는 '제멋대로'란, 과거에 자신이 했던 행동 패턴을 말합니다. 속으로 화를 꾹 삼킨다거나, 반대로 발끈해서 부딪친다거나, 상대에게 기가 눌려 시키는 대로 한다거나, 기분 전환을 한다며 얼버무리고 넘어가는 등, 자신이 기존에 해왔던 대로 해서는 화가 점점 쌓이기만 할 뿐입니다.

제멋대로 하지 말고 제대로 기술을 사용하세요. 과거부터 품어온 화도, 지금 막 얽혀 있는 '그 사람'에 대한 불만도, 불합리한 사회에 대한 분노도 모두 기술을 써서 해결해 나가도록 합니다.

여하튼 '화가 나면 이해시킨다!' 이렇게 생각을 바꾸세요. 이것저것 고민하며 답답해하는 수고를 덜 수 있습니다.

다만, 누군가를 이해시킨다는 것은 무척 성가신 일입니다. 상대가 어떻게 나올지 모르는 데다, 막상 이야기를 하려고 하면 시간과 체력, 정신력, 때로는 돈도 듭니다.

따라서 '돌려주는' 것은 될 수 있는 한 마지막으로 미루도록 합니다. 우선 내 쪽에서 할 수 있는 비교적 간단한 기술부터 연마해봅시다.

'가능한 한 피하기, 흘려버리기, 활용하기'가 바로 우리가 배울 기술입니다.

화는 고민해야 하는 것이 아닙니다. 기술을 사용하면 됩니다.

성질내는 사람에서 제대로 화낼 수 있는 사람으로! 그 길을 향해 첫 발걸음을 내디뎌봅시다.

스스로 화를
늘리지 말라

나와 상관없는 화는
'피하는' 게 상책

화가 나면 기술을 쓴다! 먼저 '자기 발신'인지, '상대 발신'인지를 파악합니다.

"하지만 생각할수록 어느 쪽이 원인인지 더 모르겠어요."

"역시 제가 잘못한 거 같아요."

이렇게 생각하는 사람도 있을 수 있습니다. 기술을 배우기 시작한 지 얼마 되지 않았으니 당연합니다. 어떤 기술이라도 처음에는 어려운 법. 하지만 단련하다 보면 '차차 알게되는' 법입니다.

스테이지1에서 우리가 배운 기술이 화의 원인을 **나누는**

것이었다면, 이번 스테이지2에서 배울 기술은 화를 피하는 방법입니다. 충돌하지 않고 잘 넘어가는 방법, 그런 기술을 사용할 수 있습니다.

기본적으로 '멀어지는 게 이기는 것'

'화가 난 원인은 저 사람이야. 그럼 이야기해야 해.' 이렇게 생각하는 순간 의문이 하나 떠오릅니다.

'그런데 이게 그 정도의 일일까?'

그렇습니다. 화는 났지만 굳이 이야기를 할 정도로 큰 일이 아닌 경우도 상당히 많습니다. 오늘 기분이 별로 안 좋았던 탓에 평소보다 더 화가 치밀었을 수도 있고, 전철이 흔들려서 본의 아니게 밀쳐진 것일 수도 있으니까요. 이런 화는 굳이 돌려줄 필요가 없습니다. 잘 '피하기'만 하면 됩니다. 지금 바로 멀어지세요.

예를 들어, 다음과 같은 상대에게는 멀어지기만 해도 화가 해결됩니다.

① 길에서 민폐를 끼치는 타인

길에서 민폐를 끼치는 상대와 마주쳤을 때 화를 내는 것은 무의미합니다. 앞에서 비틀거리며 걷는다든지, 담배를 피우면서 걷는 바람에 연기가 이쪽으로 온다든지, 가게에서 누군가가 조금 시끄럽게 떠드는 상황이라면 어떨까요? '민폐를 끼치네.' 이때 화가 난 원인은 분명 상대에게 있습니다. 하지만 내 마음을 전할 정도의 일은 아닙니다. 이런 상황에 처하면 '5분 후에 나는 어디에 있을까? 이 상황이 언제까지 계속될까?'를 생각해보세요. '그때가 되면 나는 이 자리에 없겠구나. 지금 잠깐 그럴 뿐이네(그렇다면 참아주마).' 이렇게 생각된다면 무시하는 게 상책입니다.

② 디지털 공간에서 만나는 낯선 사람들

인터넷이나 SNS상에서 마주치는 타인도 정색하고 화낼 정도의 상대가 아닙니다. 애당초 상대는 현실 생활에 존재하지 않습니다. 기분 좋게 대할 수 있는 상대가 아니라면 상관하지 않으면 그만입니다. '얽혀봤자 서로 좋을 게 없으니 상관하지 맙시다. 원래부터도 서로 다른 곳에 살고 있었으니 그러는 게 최선 아닐까요?' 이렇게 생각하는 게 정답입니다.

③ 들으면 화만 나는 화젯거리들

사람들이 떠드는 화젯거리 역시 화를 내봤자 무의미한 상대입니다. 원래 미디어는 정보를 퍼뜨리는—굳이 말하자면, 흘려보내고 부추기는—게 일입니다. 애초에 남의 일일 뿐입니다. 화가 나거나 우울해지면서 결국 화만 남게 될 바에는 처음부터 가까이하지 않는 게 좋습니다.

④ 어울려도 즐겁지 않은 상대

'그 사람과 만나면 이야기가 길어져서 피곤하다.' '편할 때만 이용당한다.' '나를 업신여기는 듯 말해서 기분 나쁘다.' 이런 사람도 따져볼 필요가 있습니다. 굳이 돌려줄(말할) 가치가 있을까요? 가족이나 친구처럼 앞으로도 어울릴 상대라면 내 마음(감정)을 전할 가치가 있습니다. 하지만 그렇지 않은 상대라면 멀어져도 상관없지 않을까요?

고통스럽지만 멀어질 수 없다거나 '한마디 해주지 않으면 마음이 풀리지 않는다.' 싶은 사람에게는 뒤에 다른 기술을 소개하겠습니다. 여기서는 멀어지는 게 이기는 것임을 알아 둡시다.

결국 '화낼 만한 가치가 있느냐?' 하는 말입니다.

가치가 있다고 생각한다면 말하는 것도 방법입니다. 하지만 그 정도—그 정도의 가치가 없는 상대, 혹은 그 정도의 화—가 아니라면 피하는(멀어지는) 게 상책입니다.

덧붙여 '가치가 있는지 없는지'를 따지는 발상은 부처의 가르침에서 비롯되었습니다.

불교(부처의 가르침)에서는 마음의 고뇌로부터 자유로워지는 것을 목표로 합니다. 그리고 그 목적을 이루는 데 도움이 되는 것을 선(善, 가치 있는 것, kusala, goodness)이라고 표현합니다.

부처가 "참 잘했다[사두sādhu]."라고 말할 때는 '가치 있는 일을 했다. 훌륭하다.'라고 칭찬하는 것입니다.

그러니까 되도록 화를 늘리지 않는다는 목적을 위해 가치 없는 화, 즉 말할 가치도 없는 화는 냉큼 버리고 그 자리에서 멀어지세요. 마치 쓸모없는 물건을 쌓아두지 않고 정리하듯이 깔끔하게 결론짓고 앞으로 나아가도록 합시다.

> 적은 인원으로 많은 보물을 나르는 상인들은 위험한 길을 피할 것이다.
> 살기를 원하는 자는 독을 마시지 않을 것이다.
> 당신이 행복을 원한다면 악—고통을 초래하는 것—에 접근하지 말라.
> – '악(가치 없는 것)'에 대해서, 《법구경》

이왕 난 화는
'잘 활용한다'

앞에서 우리는 화낼 가치가 없는 화는, 기본적으로 잘 피하면(멀어지면) 된다고 말했습니다.

하지만 매번 그렇게 잘 피할 수만은 없습니다. 종종 잘못걸려서(화에 사로잡혀서) 작은 화가 뒤에 남는 경우도 있습니다.

여기서 세 번째 기술을 소개하겠습니다. 바로 화를 '활용하는' 것입니다.

비유하자면, 미처 피하지 못해 마음속에 남은 화는 냉장고 속 음식 재료와 같습니다. 그대로 두면 음식물 쓰레기가 될 뿐이지만, 기술을 쓰면 의미 있게 사용할 수 있습니다.

화가 나서 기분이 언짢으면 가만히 있지 말고 차라리 행복을 위해 이용하세요.

스트레스는 '초기 대응'이 중요하다

먼저 스트레스가 쌓이게 되는 이유부터 밝혀볼까요?

예를 들어, 당신이 맛집으로 소문난 식당에서 밥을 먹는다고 해봅시다. 기대에 부풀어 주문을 합니다. 하지만 종업원이 왠지 불친절한 태도를 보입니다. 기다리기를 30분. 확인해보니 깜빡하고 주문을 넣지 않은 모양새입니다. 겨우겨우 나온 요리는 상상했던 것과는 달리 별로입니다. '뭐야, 이런 걸 5만 원씩이나 받는다고?' 여러분도 이런 경험 있지 않나요?

오래 기다린 데다 맛도 없고 비싸기까지 합니다. 정말 기대하고 간 식당에서 이런 일을 겪는다면, 당신이라면 어떻게 대처했을까요? "이러고도 맛집이라고 할 수 있어?" 하면서 사장한테 화를 쏟아낼 수도 있고, 포털 사이트에 들어가서 악플을 달 수도 있고, "에이, 맛없어. 돈만 버렸네!" 하고 욕을 한 다음 그냥 집으로 돌아올 수도 있을 것입니다.

어느 것이 되었든 이런 방법들은 솔직히 별로 권하고 싶지 않습니다. 화가 '결생結生'하게 되기 때문입니다.

결생[상카라sankhāra, mental formation]이란 어떤 것에 강하게 반응한 결과 감정이 고조되거나 기억에 새겨지는 것을 말합니다. 화가 결생하면 언짢은 기분이 표정에 드러나고, 말투가 격해집니다. 불쾌함이 사라지지 않습니다. 자칫 기분을 전환하기 위한 방향으로 행동이 이어집니다. '아, 맛없는 것을 먹었네. 입가심으로 단것을 먹어야지.' 하고는 디저트를 사먹거나, '돈이라도 되찾아야겠어!' 하는 마음에 씩씩거리며 파친코 가게에 갔다가 빈털터리가 되거나….

이는 모두 결생한 에너지에 떠밀린 결과입니다.

비유하자면, 마음은 물과 같습니다. 자극이 없으면 수면은 잔잔합니다. 하지만 짜증이 솟구치거나 벌컥 화가 나면 수면에 잔물결이 생깁니다.

그러다 화가 쌓이면 수면 위로 솟아오르게 됩니다. 화가 머리끝까지 치밀어올라 '열 받았어!' 하는 상태가 되면, 파도가 철썩 하고 거세게 일다 부서지듯 마음에도 큰 파장이 생깁니다.

바로 그 에너지가 표정이나 말, 행동으로 나타나는데, 그 에너지가 또 엄청납니다. '억누를 수 없는 화'가 솟구친 결과, 굳이 하지 않아도 될 말을 무심코 내뱉었다가 '아, 또 실수했네.' 하는 쓰라린 경험을 하게 됩니다.

결생한 화가 가라앉는 데는 상당한 시간이 필요합니다. 온종일 아무 일도 손에 잡히지 않는 상태가 이어지기도 합니다. 멍하니 넋을 놓고 동영상을 보거나, 스마트폰을 만지작거리거나, 게임을 하거나, 줄곧 누워 있으면서, 그렇게 화가 가라앉기를 기다립니다.

하지만 화가 채 가라앉기도 전에 또다시 화나는 일이 생기면 화의 물결은 잠잠해질 틈이 없습니다. 가족한테서 서운한 말을 듣거나, 직장에서 불편한 사람을 만나거나, 밖에서 민폐를 끼치는 사람과 마주치기라도 하면, '아, 진짜 못해 먹겠네!' 하는 상태에 빠지게 됩니다.

이런 식으로 지나치게 고조된 화의 파도를 가라앉히는 데도 에너지가 필요합니다. 특히 마음이 여린 사람, 기운이 약한 사람, 고지식한 사람 등은 상대에게 화를 돌려주지도 못했는데, 오히려 그 화를 억누르는 데까지 에너지를 쓰다 보니 보통 사람보다 훨씬 더 많은 에너지를 소모합니다. 그러다 움직일 여력까지 다 소진되어 우울증에 걸리는 사람도 있습니다.

그래서 화가 결생하지 않도록 하는 것, 즉 쌓이지 않도록 하는 게 중요합니다.

순삭! 간단한 스트레스 해소법 네 가지

화도, 화재도 초기 대응이 중요합니다. 기본적으로 화는 가능한 한 피하고(무시하고), 이미 짜증이 솟구치거나 화가 났을 때는 결생하기 전에 손을 쓰도록 합시다.

1. 화가 나면 '-라고'를 붙인다

화가 나면 '-라고 느꼈다'를 붙여 말을 잇는 것입니다. 가령 누구 때문에 짜증이 났다면 "'그 사람, 짜증 나!'라고 생각했어." 하고, 또 누군가에게 화가 났다면 "'용서할 수 없어!'라고 느꼈어." 하고 말하는 식입니다. 내 마음 상태를 객관적으로 확인하는 것이지요.

화를 더 이상 참을 수 없을 것 같은 상황이 오면 혼자 있을 때 일단 그 기분을 쏟아낸 다음에, '-라고 오늘의 나는 느껐습니다.' '-라고 생각했지 뭐야, 이것 참.' 하고 덧붙이세요.

의도적으로 자신에게서 감정을 떨어트리는(객관화하는) 방법입니다.

앞서 이야기했던 것처럼 마음은 이해받을 때 치유됩니다. 꼭 남이 아니어도 됩니다. 자신의 감정을 스스로 이해해주기만 해도 '숨 돌리기'가 가능합니다. 먼저 스스로가 자신을 첫 번째로 이해해주는 사람이 되어 주세요. 그리고 자신에게 '이해해. 그렇게 느꼈구나.'라고 말해주세요.

자신의 감정을 객관적으로 보고 싶을 때는 일기를 활용하는 것도 효과적입니다. 먼저 '오늘 이런 일이 있었다(사실)' '나는 이렇게 느꼈다(감정)'라고 적습니다. 그리고 마지막에 '-라고 이해했습니다'라는 말을 덧붙여주세요.

물론 다른 사람에게 털어놓는 것도 효과가 있습니다. 설교부터 하려 드는 융통성 없는 사람이 아닌, 잘 듣고 잘 받아주는 사람에게 "오늘 화가 나는 일이 있었는데 말이야.(좀 들어줄래?)" 하고 이야기해봅니다.

2. 심호흡을 한다

화가 치밀어오르면 바로 심호흡을 합니다. 크게 들이마시고, 천천히 내쉬고…. 화와 호흡은 다르다는 사실을 기억해두세요.

들이마시는 숨에 하나, 내쉬는 숨에 둘, 하고 셉니다. 눈을 감든, 눈을 떠서 하늘을 바라보든 상관없습니다. 손바닥을 배에 대는 것도 효과적입니다.

그대로 크고 깊게 호흡하면서 '셋, 넷, 다섯 … 열'까지 셉니다. 이걸 몇 세트 반복합니다. '백, 이백, 오백…' 하고 계속 이어서 세도 됩니다.

3. 손에서 힘을 뺀다

손을 꽉 쥡니다. 그 주먹을 화가 결생한 상태로 봅니다. '이만큼의 힘을 써서 화를 내고 있구나.'라고 이해해주세요.

그러고 나서 주먹 쥔 손에서 힘을 풀어줍니다. 다른 손으로 주먹 쥔 손의 손가락을 하나씩 잡고 크게 벌립니다.

손을 다 벌리고 나면 완전히 힘을 빼고, 잠시 펼친 손을 바라봅니다. '이것이 화가 사라진 상태구나.'라고 생각하세요.

손을 쥘 때 숨을 들이마시고, 펼 때 숨을 내쉬는 것도 좋습니다. 손과 숨을 동시에 사용해서 손에서 힘을 뺍니다.

4. '천 보 걷기 명상'을 한다

자리에 선 상태에서 눈을 감습니다. 힘주어 디딘 발바닥의 감각을 응시합니다. '이것이 오른쪽 발바닥의 감각이고, 이것이 왼쪽 발바닥의 감각이구나.' 하고 확인합니다.

한 발짝 내딛고 하나, 또 한 발짝 내딛고 둘, 셋, 넷, 다섯…. 이런 식으로 계속하면서 '구백구십팔, 구백구십구, 천'까지 걸음 수를 세면서 걷습니다.

도중에 딴생각이 들면 대개는 숫자를 까먹게 됩니다. 까먹으면 다시 '하나'부터 셉니다. 머릿속에 망상이 가득하면 끝까지 셀 수 없습니다. 걸음 수를 세면서 계속 집중해서 걷는 것은 망상을 떨쳐버리는 효과가 있습니다. 화도 흘려버릴 수 있습니다.

무슨 일이 생길 때마다 '천 보 걷기 명상'을 해서 습관이 되게 하세요. 걷다보면 화와 답답한 마음이 사라지고 속이 시원해질 것입니다.

'좋은 하루였어'가 최고의 승리

덧붙여 화가 날 때 베개를 던지거나 접시를 깨는 것도 시

도해볼 수는 있겠지만, 아마도 역효과만 날 것입니다. 화를 행동으로 표출하면 마음이 거기에 '동조'해서 화가 더 강해지기(결생하기) 때문입니다. 이런 경우 잠깐이나마 속이 시원해지는 이유는 단순히 지쳐서 힘이 빠졌기 때문입니다.

욕을 하는 것도 될 수 있는 한 피하는 게 좋습니다. 마음은 말에도 동조합니다.

다른 사람 욕을 하면 그 말에 마음이 동조해서 나쁜 감정과 화가 더욱 깊게 새겨집니다. 그래서 푸념이나 욕을 많이 하는 사람, 생각이 너무 많은 사람일수록 화에 끌려다니기 쉽습니다.

앞에서 알려준 네 가지 기술을 써서 될 수 있는 한 오늘의 화를 내일까지 끌고 가지 않도록 합니다. 가능하면 피하거나 바로 흘려버리세요.

'그래도 이 화는 말할 가치가 있다'고 생각한다면 이해시키는 노력을 해볼 수도 있습니다. 예로 든 맛집의 경우처럼, 오래 기다려서 들어갔는데 맛도 없고 비싸서 화가 났다면 그 원인은 가게라고 할 수 있습니다. 한번 돌려줘 볼까요?

화를 돌려주는 목적은 이해받기 위해서입니다. 따라서 이해받으려면 어떻게 말해야 할까요? 가령 다음과 같이 말할 수 있을 것입니다.

"앞으로도 이용하고 싶으니 이런 점을 개선해주면 좋겠습니다."

이렇게 말하면 막무가내로 화를 내는 것처럼 보이지는 않을 것입니다. 제대로 전해진다면 서로에게도 이익이고요. 돌려줄 만한 가치가 있는 셈입니다.

여러분이 하루하루 '결생을 막는 게임'을 하고 있다고 생각하세요. 가까이 가지 않아도 된다면, 처음부터 가까이 가지 않는다. 화가 나는 일이 생기면 '어차피 잊어버릴 거야. 하나, 둘, 셋…' 하면서 걷는다. 멀어지고 흘려버리는 게 이기는 것입니다.

하루를 마치면서 "좋은 날이었어."라고 말할 수 있다. 소소한 일은 기억나지 않는다.

이로써 '결생을 막는 게임'에서 승리하게 됩니다.

'저차원적인 쾌락'에 지지 말라

그렇다고는 해도 마음이란 약한 법. 어떤 때는 화에 휩쓸려서 패배하는 날도 있습니다.

그럴 때 유혹해오는 것이 '저차원적인 쾌락', 즉 아무것도 남지 않고, 다음으로 이어지지도 않는 수준 낮은 쾌락입니다.

'아, 진짜 짜증 나! 오늘 일(공부)은 때려치워!' 이렇게 해야 할 일을 내던지고는 술을 마시거나, 마냥 TV를 보거나, 과자를 잔뜩 먹어치우는 등 자멸하는 패턴을 보입니다.

이런 시간을 보내고 나면 '또 저질렀네.' '자꾸 이러니까, 나는 아무리 해도…'와 같은 쓰라린 후회와 자기혐오만 남습니다.

특히 최초의 화가 결생 수준이 강하면 기분을 달래고 싶은 마음에 그만 저차원적인 쾌락에 쉽게 휩쓸립니다. 아무리 수준이 낮다고 해도 쾌락은 쾌락인지라, 편하고 즐겁습니다. 그래서 최초의 화를 핑계 삼아 어느덧 몸을 내맡기게 되는 것입니다.

이 부질없는 패턴에서 벗어나려면 다음 중 하나를 수행하세요.

1. '과거는 과거일 뿐'이라고 마음에 새긴다

처음에 어떤 계기로 화가 났든 '과거는 과거일 뿐'입니다.

이걸 마음에 확실하게 새겨두세요. 지금까지 질질 끌고 있는 화는 결생으로 남은 마음의 얼룩입니다. '빨리 흘려버려야 해.' 이렇게 생각하세요. 천 보 걷기를 하거나, 기분이 상쾌해지게 샤워를 하세요. 몸을 움직여 남은 화를 떨쳐버립시다.

2. '무엇이 남는지, 무엇이 다음으로 이어지는지'를 자문한다

'이 시간을 보낸 다음에는 무엇이 남을까?' 이렇게 생각해봅니다. '아무것도 남지 않는다. 결국 시간(돈)을 낭비할 뿐이다.' '오히려 (자기혐오로 인해) 스트레스만 남을 뿐이다.' 하면서 의식적으로 그 앞을 내다보려고 하세요.

그래도 휩쓸리고 말았다면 그 후에라도 '역시 낭비만 했을 뿐이야.' '스트레스만 남았네.' 하고 재확인하세요. '어차피 아무것도 남지 않는다.'는 진실을 보게 되면 졸업할 가능성이 열립니다.

3. '질린다'와 '넌더리난다'

'한심해. 지금처럼 하다가는 정말 쓸모없는 사람이 될 거야.'라고 마음속 깊이 실감해야 합니다(쉽지는 않을 것입니다). 진지하게 자신의 나약함을 음미하는 것입니다.

만약 가능하다면, 저차원적인 쾌락을 탐하고 있는 자신을 '객관적으로' 보도록 노력하세요. '지금 나는 ○○하고 있습니다.'라고 라벨링을 해보는 것도 좋습니다. 그러는 동안 내 마음 상태가 어떠한지 관찰해보는 것도 좋습니다. '정말 즐거운가?' 이런 질문을 스스로에게 해야 합니다.

덧붙여 이 '질린다'와 '넌더리난다'는 자기혐오라는 스트레스도 만들어내니 다소 주의해서 다루어야 합니다. 특히 이상이 높은 사람—그만큼 자신에게 바라는 마음이 강한 사람—은 그 에너지가 오히려 '결생'을 더 키우기도 합니다. '한심한 나!' 하면서 스스로를 채찍질하다가 화를 더 늘리게 됩니다.

그런 당신에게는 또 다른 기술을 전수하겠습니다. 이번에는 정공법으로 화를 활용하는 비장의 기법 '기쁨 되돌려주기'입니다.

화가 나도 '그저 당하고만 있지는 않는다'

먼저 화에 머무르는 것보다 화를 넘어서는 것, 즐기는 것,

이것이 하루의 가치를 재는 잣대라고 생각하세요. ① 화, ② 중립(평온함), ③ 쾌감(즐거움)의 순서로 하루의 가치, 더 나아가 인생의 가치가 결정됩니다. 최상급의 삶이란 화가 없고 쾌감만 있는 삶입니다.

따라서 화가 남으면 앞서 소개한 '흘려버리는 기술(심호흡하기, 손에서 힘 빼기, 천 보 걷기 명상)'과 함께 다음 기술을 발동하세요.

1. 가치 있는 작업을 시작한다

가장 손쉬운 방법은 '화가 나면 작업을 시작하기'입니다. '젠장, 화가 났으니 지금부터 두 시간 내로 일을 끝내겠어!' '열 받았어. 오늘은 카페에서 가게 문 닫을 때까지 공부하겠어!' 이른바 그저 당하고만 있지는 않겠다—실패하더라도 그로부터 무언가를 얻겠다—는 것입니다. 이때의 실패란 '(화를) 전부 피하지는 못했다'는 의미입니다. 하지만 그 또한 가치 있는 작업을 함으로써 탕감됩니다.

다른 무엇보다 화가 남은(결생한) 채로 있으면 자꾸만 그 감정이 끼어들어 우리의 작업을 방해합니다. 그럴 때는 '흘려버리는 기술'을 선택하거나, 머리를 쓰지 않아도 되는 단순 작업을 선택하세요. '짜증이 나니까 오늘은 대청소하는 날로 정했어!' 이러면 만점입니다.

2. 진정한 쾌감에 눈뜬다

'내가 진심으로 즐길 수 있는 게 무엇일까?'를 찾아봅니다. '이걸 할 때 가장 행복하다'거나 '만족감과 성취감을 얻게 된다'고 느껴지는 작업을 찾으세요. '화가 날 때면 이걸 하면서 잊는다'고 할 만한 습관(방법)을 찾아내는 것입니다.

최상의 삶은 화를 계기로 즐거운 일을 시작해서 '아, 즐거웠다. 이걸 하고 있을 때 난 정말 행복해. 그 일(그 사람)은 더는 상관없어.'라는 생각으로 마무리하는 것입니다. 어쩐지 인생이 바뀔 것만 같은 예감이 들지 않나요?

혹시라도 "뭐가 즐거운지 모르겠어요." 하는 사람에게는 '새로운 것 체험하기'를 권해봅니다. 우리 마음에는 '체험한다→쾌감이 자란다'라는 공식이 존재하기 때문입니다.

어린아이가 새로운 것을 체험하게 되면 처음에는 어리둥절하다가도 조금만 지나면 웃음을 터뜨리듯이 어른인 당신도 '체험에서 기쁨을 키워가는' 것입니다.

3. 하루에 한 가지, 가치 있는 것을 발견한다

하루에 한 가지라도 가치 있는 것을 찾으세요. 좋아하는 작가나 가수가 새로운 작품을 발표했다는 소식을 접하면 '오!' 하는 생각이 들지 않나요? 가치를 찾았기 때문입니다.

가치가 있다는 게 특별한 일을 말하는 것은 아닙니다. 무엇이든 상관없습니다. 친구를 만나는 것도, 좋은 책을 읽는 것도, 좋아하는 드라마나 아름다운 노을을 보는 것도, 낙엽 사이를 걷고 새로운 가게에서 밥을 먹는 것도 다 가치 있는 일입니다.

'가치 있는 걸 하나 찾았으니 오늘도 좋은 날이었어.'라고 생각되면 행복한 하루였다는 뜻입니다.

이번 스테이지에서 소개한 기술들을 꼭 한번 실천해보세요. 일기장이나 이 책의 여백에 '이것을 해봤어.'라고 메모를 남겨두면 재미있지 않을까요? 그렇게 쓴 기록이 성장했다는 증거가 됩니다.

화만 내다 끝내기에는 인생이 너무 아깝습니다.

화를 넘어서서 기쁨으로 마무리하는, 그런 삶으로 방향을 바꾸어보세요.

짜증의 정체를 깨닫다

짜증의 정체는 '망상 영역'

화를 늘리는 원인이 꼭 다른 사람에게만 있는 것은 아닙니다. 쓸데없이 스스로 화를 키우는 경우도 제법 많습니다. 이번에는 '자기 발신 화'에 대해 살펴보겠습니다.

이런 장면을 한번 떠올려보세요. 어떤 사람이 갈 길 바쁜 당신 앞에서 걷고 있습니다. 그런데 갑자기 그 사람이 멈춰 서는 바람에 부딪힐 뻔했습니다. '아이참, 뭐 하는 거야?' 하고 화가 치밉니다.

그럼 이번에는 게임에 같은 장면이 나왔다고 해봅시다. 게임 제목은 '인파 헤쳐나가기 게임'입니다. 앞사람이 갑자기 멈춰섭니다. 부딪치려고 다가옵니다. 갑자기 그 사람이 춤을 추기 시작합니다. 그러자 "와, 꺄아! 이 사람 뭐야?" 하면서 즐겁게 피합니다.

'현실이라면 짜증이 나겠지만, 게임이라면 즐겁게 피할 수 있다.' 이 차이는 어디에서 오는 걸까요?

그 이유는 바로 '망상 영역' 때문입니다.

망상 영역이란 자신의 편의에 따른 망상을 말합니다. '이렇게 되면 좋겠다.' '분명 이렇게 될 거야.' '이렇게 될 게 틀림없어.' 하고 제멋대로 믿는 이미지입니다.

이 망상 영역을 너무 넓히면 바깥 현실과 충돌을 일으키게 됩니다. '마음속으로 그리던 이미지(망상)와 다르다'고 느껴 불쾌해집니다. 밖에 나갔다가 '왜 하필 오늘 비가 온담.' 하고 우울해한다거나, 현관에서 꾸물거리고 있는 아이를 보고 짜증을 낸다거나, 지하철에서 앞사람이 교통카드 잔액 부족으로 개찰구를 통과 못 한 채 멈춰 서 있는 걸 보고 혀를 찬다거나 하는, 이 모든 것이 다 망상 영역을 너무 넓혀서 생긴 일입니다. 날씨는 맑을 것이다, 아이는 착착 움직일 것이다, 통행은 순조롭게 진행될 것이다, 하는 식으로 그렇게 제멋대로 상상을 하고 있었기에 짜증이 난 것입니다.

대표적인 세 가지 망상 영역을 들어보겠습니다. 자신도

이런 경험이 없는지 확인해보세요.

① 자신의 편의에 따른 전개

'분명 이렇게 될 것이다.'라고 자신의 편의에 따라 예측합니다. '길이 한산할 것이다.' '집안일은 금방 끝날 것이다.'처럼 가벼운 예측도 있고, '절대 합격한다!' '단기간에 이만큼이나 벌 수 있다!' '반드시 성공한다!'처럼 강한 소망도 있습니다.

속된 비유라서 부끄럽지만, 경마를 예로 들면 쉽게 이해되지 않을까요?

'이번에는 맞을지도 몰라.' 하고 자신의 편의에 따라 예측합니다. '맞기만 하면 이만큼이나 벌 수 있다고.' 하면서 기대에 부풉니다. '맞아라.' 하고 빌면서, '자, 출발!' 한 다음에는 '달려라, 망상! 이겨라, 망상! 힘내라, 망상!' 하다가 점차 '현실이 따라붙는다, 따라잡힌다, 추월당한다. 으아아아아, 절규!' 하더니 끝내는 '망상, **현실**, 망상, **현실, 현실, 현실, 현실**… 꽝 확정!' 하고 맙니다.

화도 나고, 한심한 마음도 들고, 탈진도 하고…. 결국은 이 모든 일이 스스로 망상 영역을 너무 넓히는 바람에 맞게 된 결말입니다.

② 타인에 대한 기대

어느새 다른 사람에게도 자신의 편의에 따라 기대하게 됩니다. 연애라면 '다정하게 대해주겠지.' 하고, 업무라면 '착실히 진행해주겠지.' 하고, 부부라면 '말하지 않아도 알아주겠지.' 또는 '알아서 도와주겠지.' 하면서 상대에게 기대합니다.

그러다 보니 기대를 저버리는 상대의 모습에 짜증이 나는 것입니다. '어째서?' '어이, 그건 아니지.' '왜 알아주지 않는 거야?' 하고 화를 냅니다.

③ '나는 생각한다'라는 과도한 자아(확신)

'내 인생은 이러이러해야 해.'라고 생각하는 이상적인 자신의 모습이나, '다른 사람들 눈에게 어떻게 보일까?'라고 신경 쓰는 자의식, '이러이러해야 한다'는 이상과 정의도 망상 영역에 속합니다.

다른 사람을 좋다 나쁘다로 판단하거나, 자신이 생각하는 상식, 예의, 가치관에 부합하지 않는 사람을 '이상하다'고 비난하는 것 또한 '나는 생각한다'로 인한 결과입니다.

"무슨 생각을 하든 자유잖아." 이렇게 말하는 사람도 있을 수 있습니다. 얼핏 보기에는 맞는 말 같습니다. 하지만

'나는 생각한다'로 인해 화를 느낀 시점에서 이미 자유에서 밀려나온 셈입니다. 타인에게 화가 났다는 말인즉슨 '나는 생각한다'를 지나치게 넓혔다는 의미입니다.

지나치게 넓힌 '나는 생각한다'가 다양한 불만을 만들어냅니다. 다른 사람을 '용서할 수 없다'고 판단하거나, '더 좋게 봐줬으면 좋겠다'고 바라면서 초조함이나 짜증을 드러냅니다. '다른 사람보다 못하다'고 느껴 주변 사람의 시선을 무서워하거나, '잘될' 거라고 예상하며 우쭐해지기도 합니다. 혹은 어느 쪽이 위인지 아래인지 살펴 우위를 차지하려 들기도 합니다. 이 모두 원리는 같습니다.

무심코 SNS에서 괜한 말을 했다가 비판과 악플 세례를 받는 것 역시 '나는 생각한다'를 지나치게 넓힌 결과라고 할 수 있습니다.

'자신의 편의에 따른 망상'이 스트레스를 만들어낸다

———

모든 망상 영역은 '나는 생각한다'라는 망상에서 시작됩니다. 에너지가 거의 필요 없는 데다가 제약도 없습니다. 그래서 사람들은 저도 모르게 망상 영역을 끝없이 넓힙니다.

'나는 생각한다'에는 다음과 같은 특징이 있습니다.

① '나는 생각한다'는 쉽고 얼마든지 할 수 있다. 자각하지 못한 채 영역을 넓혀버린다.

② '나는 생각한다'는 자신에게는 유일하고 절대적인 것처럼 보인다. '고로 나는 옳다'라고 생각하는 동시에 타인의 생각은 받아들이지 못하게 된다. 다른 사람들이 틀렸다고 생각하게 된다.

③ '나는 생각한다'가 인정 욕구(자신의 가치를 인정받고 싶은 욕구)와 결부되면 '다른 사람도 알게끔 하자, 따르게끔 하자'라는 생각이 들기 시작한다. 따르는 사람을 자기 편이라고 생각하는 동시에 따르지 않는 사람과는 양립할 수 없다고 생각해 못마땅하게 여긴다.

④ '나는 생각한다'가 늘어날수록 타인의 생각도 바깥 현실도 눈에 들어오지 않게 된다. 그래도 여전히 자신은 '나는 옳다'라고 생각한다. 결과적으로 점점 고립된다.

어떤가요? 흔히 말하는 오만방자하거나 자존심이 센 성격의 사람이 전형적인 '나는 생각한다, 고로 나는 옳다' 유형에 속합니다. 이런 망상 영역이 서로 부딪쳐서 싸움, 대립, 분열, 욕설이 오가고 서로 우위를 차지하려고 접전을 벌이게 됩니다.

이걸 다른 사람에게 강요하면 차별, 편견, 괴롭힘, 중상비방으로 발전합니다. 종교 대립과 전쟁 또한 '나는 옳다'라는 과도한 망상 영역에서 비롯된 것입니다.

옛날에 프랑스의 철학자 데카르트는 "나는 생각한다. 고로 나는 존재한다."라고 말하며 신을 뛰어넘는 '자아'를 발견했다고 합니다. 그러나 부처가 보기에는 '나는 생각한다. 그것은 망상이다.'로 끝납니다. 즉 '내가'라는 생각, 말하자면 자의식이 뇌에 깃드는 일시적인 현상에 지나지 않는다고 이해하게 됩니다.

'자아'라는 개념을 확장해온 서구 사상과 '자아'라는 환상에서 자유로워지는 방법을 찾아낸 부처의 차이가 이런 데서 드러납니다. 여기서 중요한 것은 과연 어느 쪽에 고통을 넘어설 가능성이 있느냐는 점입니다.

'나는 생각한다. 고로 나는 옳다.'라고 생각하는 것은 간단합니다. 자신의 편의에 따라 망상만 하면 되니까요.

'나는 생각한다'가 그저 망상일 뿐이라고 한다면 당연히 이런 의문이 들 것입니다.

'나는 생각한다. 그래서 무슨 상관인데?'

'나는 생각한다. 그게 무슨 도움이 되는데?'

그렇습니다. '도움이 되는가?' 즉 가치가 있느냐 없느냐를 따지는 발상입니다. 그저 화만 늘어날 뿐이라면 무의미합니다. 한편으로 미래를 대비해 계획을 짜거나 다른 사람이 기뻐할 만한 아이디어를 낼 수 있다면 '나는 생각한다'도 도움이 됩니다.

불교에서 '도움이 된다(가치가 있다)'는 의미는 ① 좋은 목적으로 이어진다, ② 행동으로 이어진다(변화를 일으킬 수 있다), ③ 공헌하게 된다(앞으로 나아간다, 주변 사람들이 기뻐한다) 중 하나를 가리킵니다(도움이 되는 세 가지 조건). 옛말로는 '공덕을 쌓는다'라고 표현합니다.

따라서 목적을 확인하는 것이 중요합니다. '나는 생각한다'는 대부분 자신의 편의에 따른 망상일 뿐, 목적이 분명하지 않습니다. 그렇다고 행동에 나서는 것도 아니고, 주변 사람들이 기뻐하는 것도 아닙니다.

단지 자신이 그렇게 생각하는 것일 뿐, 그야말로 '망상'에 불과합니다.

더불어 자기 혼자 짜증을 내며 '왜 내 말을 따라주지 않는 것일까?' 하고 고민하는 사람도 자신의 편의에 따라 망상을 펼치고 있는 것인지 모릅니다. '나는 생각한다. 그러니 이러이러해야 한다, 따라야 한다, 절대로 이것이 맞다.' 이렇게 해서는 스트레스만 쌓일 뿐 다른 사람들은 들어주지 않습니다.

망상 영역을 리셋하지 않는 한 앞으로 나아갈 수 없습니다.

짜증이 확 줄어드는 세 가지 마음가짐

———

'나는 생각한다'는 망상 영역입니다. 하지만 서로 강요하는 것은 현실의 인간관계입니다.

여기서 두 가지 문제를 해결해야 합니다. 하나는 자신의 망상 영역을 어떻게 할 것인가? 다른 하나는 타인이 강요하는 망상 영역을 어떻게 마주할 것인가?

후자는 뒤에서 다루기로 하고, 먼저 자신의 망상 영역에 대한 기술부터 갈고닦아 볼까요? '자신의 편의에 따른 전개, 다른 사람에 대한 기대, 절대로 자신이 옳다!' 이를 다음 기술을 활용하여 리셋하세요.

1. 짜증이 나면 망상 영역임을 깨닫는다

이것이 가장 먼저 해야 할 일입니다.

2. 과도한 판단임을 깨닫는다

망상 영역은 자신의 편의에 따라 판단하게 만듭니다. '좋고 나쁨, 용서할 수 있다 없다, 그 사람은 이상하다, 바보 아닌가?' 등 망상 영역을 완전히 열어둔 채 닥치는 대로 판단합니다.

자신이 무엇인가를 판단하면 즐거운 법입니다. 하지만 '이상하다, 틀렸다, 용서할 수 없다'고 판단하게 되면 동시에 화도 생깁니다. 기분이 좋은 반면 불만도 따라옵니다. 그래서 '도움이 될까?'라고 묻는다면 솔직히 "예!"라고 대답할 수는 없습니다.

쓸데없는 판단을 줄이려면 **판단할 때마다 '깨달아야'** 합니다. '그 사람은…' 이렇게 말하고 싶어지면 '아, 쓸데없이 판단할 뻔했네.' 하고 깨달아야 합니다. 다른 사람과 비교하는 것도 판단이며, 다른 사람을 업신여기거나 자신이 쓸모없다고 부정하는 것 역시 판단입니다. 올바르게 이해하면

'나는 판단덩어리잖아?' 하는 소리가 나옵니다.

판단이 빠지면 현실은 '사실을 있는 그대로 확인하는' 것으로 바뀝니다. 신호를 기다리는 중이라면 '지금 신호가 빨간색으로 바뀌었습니다.' 하고 사실을 확인합니다. '멈춥니다'는 판단이지만, '도움이 되는 세 가지 조건(69쪽)' 중에서 '행동으로 이어지는' 판단에 해당하므로 괜찮습니다.

하지만 '또 내 앞에서 빨간색으로 바뀌었잖아. 앞차가 꾸물대니까 그러지.'라든가 '칫, 재수 없어. 요즘은 이런 일만 생기네.'라는 생각이 들면 '이것은 과도한 판단이구나.' 하고 깨달아야 합니다. 망상 영역을 너무 넓혔습니다.

3. '빛 지우개'로 망상을 지운다

바깥세상을 너무 많이 보면 자극을 받아 망상 영역을 넓히게 됩니다. 불만이 많은 사람은 대체로 바깥세상을 너무 많이 봅니다.

따라서 짜증이 가시지 않으면 '밖을 너무 많이 보나?' 하고 깨달으세요. 그리고 눈을 감습니다. 그대로 10초, 눈앞의 어둠(시각적으로)을 바라봅니다.

어둠이 바로 사실입니다. 눈을 감았는데도 다른 사람의 모습이나 바깥세상, 세상의 화젯거리가 남아 있다면 그것은 망상인 셈입니다.

눈을 감은 채 두리번거리며 어둠을 구석구석까지 둘러보세요. '망상이 있나?' 하고 점검합니다. 그대로 열, 아홉, 여덟… 10초가 지나면 눈을 크게 뜹니다. 실내 조명이나 바깥 경치를 바라보세요. 밝은 빛을 마음까지 비춥니다. 그리고 이렇게 생각하세요.

남아 있던 망상이 전부 사라졌다!

그렇습니다. 망상 영역은 실재하지 않습니다. 사실 지구 반대편 끝까지 땅을 파도, 우주 끝까지 여행을 한다 해도 '존재하지 않는다!'가 정답입니다.

현실은 즐거운 게임과 같다?

———————

망상 영역을 완전히 떨쳐버리고 나면 무엇이 보일까요?

바깥세상이 단순한 사실로 변합니다. 눈앞의 일들이 전부 잘 보고 능숙하게 대응하기만 하면 되는 것으로 다가옵니다. 게임과 같아집니다.

예를 들어, 사람 혹은 차가 길 한가운데에 버티고 있다고 생각해봅시다. 사실만 보면 멈춰서 기다리거나 다른 경로로 이동하면 됩니다. 혹시라도 푸념이나 지루한 이야기에 휘말리면, '이건 언제 끝날까?' 하고 탈출할 타이밍만 생각하면 되고요.

상사에게 설교를 들으면, '나는 무엇을 하면 될까?(다음 행동은?)'만을 생각합니다. 아이가 꾸물거리면, '자, 힘내자. 그래, 그다음은?' 하고 지켜보면서 다음 행동을 독려합니다.

눈앞의 사실을 보고 '다음에는 어떻게 할까?' 하고 생각하면서 앞으로 나아가면 되는, 그야말로 게임입니다.

망상 영역을 해제하면 짜증이 사라집니다. 일상이 즐거워집니다.

> 부서진 종처럼 바깥에 충돌하여 번민이 생긴다면
> 구하고서는 잃고, 올라가서는 내려오며, 나아가서는 후퇴하는,
> 방황하는 인생에서 벗어나지 못할 것이다.
>
> — 평온함에 대하여, 《출요경》
>
> 지난 일을 한탄하는 자는 망상에 삼켜져 베인 갈대처럼 시들어버린다.
> 나는 현재에 산다. 그렇기에 얼굴에 생기가 넘친다.
>
> — 원시림에 사는 자들, 《상응부》

자아를 지나치게
넓히지 않도록 주의한다

　망상 영역은 몸에 덕지덕지 붙은 군살 같은 것입니다. 게다가 엄청나게 두터워서 자리를 잔뜩 차지하고 있는 '마음의 지방'입니다. 일어서면 물건에 부딪히고, 방을 걸으면 가구를 쓰러뜨리고, 밖에 나가면 사람들과 충돌하는, 그런 스트레스로 가득한 일상을 초래합니다.

　'아, 정말, 스트레스 받아!' '왜 나만 이러는 거야!' 이것은 망상 영역을 너무 부풀렸기 때문입니다. 바로 '자기 발신 화'에 해당합니다.

　다음으로 우리가 넓히기 쉬운 망상 영역의 한 예를 소개하겠습니다. 이를 해소하는 기술도 함께 소개하고요. 지나치게 불어난 마음의 군살을 도려내기 위한 단련을 시작합시다.

'나는 옳다'는 '아무 상관 없다'

1. 남의 일에 참견한다

우리는 무심코 나와는 관계없는 타인의 일에 참견하게 됩니다. 다른 사람의 일을 꼬치꼬치 캐묻고, 소문내고, 좋으니 나쁘니 논하고, 화를 내며 비난하고, '이렇게 하는 편이 좋다, 이렇게 해야 한다'고 쓸데없는 참견을 합니다.

다른 사람의 일에 참견하면 기분이 좋습니다. 그러는 동안 자기 일에는 게으름을 피울 수 있으니까요. 자기가 마치 대단한 사람이라도 된 것마냥 인정 욕구가 자극됩니다.

한편, 안 좋은 점도 있습니다. 우선 시간을 잃습니다. 또 타인에게 불만을 느낍니다.

다른 사람을 나쁘게 말하면 그 말대로 자기 마음에도 악의나 질투, 오만이 깃듭니다. 그러는 동안 성격도 확실히 나빠집니다. 스스로도 그것을 알기에 나중에는 자기혐오가 남습니다. 그래서 남의 일에는 되도록 참견하지 않는 편이 좋습니다.

이에 대한 기본적인 대책은 '무슨 도움이 되는가?'를 자문해 보는 것입니다(스테이지2). '자신에게 가치 있는 것은 무엇인가?'를 항상 첫 번째로 생각합니다.

만약 남의 일(소문이나 욕)에 휘말릴 것 같으면 "글쎄요, 저는 잘 모르겠네요. (제 일을) 열심히 할게요."라고 대답한 뒤 그 자리에서 벗어나세요. 다른 사람을 판단하지도 말고, 아첨하지도 말고, 잘 피하도록 합니다.

> 타인의 잘못을 쫓지 말라. 타인의 행실을 일일이 판단하지 말라.
> 자신이 했거나 하지 않은 일만을 바라보아라.
> 그것이 무엇보다도 가치로 이어지기 때문이다.
>
> — 꽃을 따듯이, 《법구경》

2. 다른 사람을 업신여긴다

인정 욕구가 높아지면 무심코 다른 사람을 아래로 보거나, 적당한 트집거리를 찾아 비판하거나, 업신여기기도 합니다. '저 사람은 바보다, 어리석다, 틀렸다.' 이렇게 다른 사람을 부정합니다. 그러면서 정작 자신이 부정당하면 불같이 화를 냅니다.

다른 사람을 업신여겨봤자 무의미합니다. '아무런 도움도 되지 않기' 때문입니다. 망상 수준의 자기만족에 불과한 데다 짜증이 한 세트로 따라옵니다.

'다른 사람을 업신여겨도 아무것도 남지 않아. 이제 그만 졸업하자.' 이것이 올바른 마음가짐입니다.

> 사람은 자기 의견만 옳으며 다른 의견을 가진 자는 어리석다고 여긴다.
> 만약 자기 의견에 찬동하지 않는 사람을 어리석고(바보) 저급하고(하찮고)
> 지혜가 부족한 자라고 한다면, 자신 또한 상대방에게는 '찬동하지 않는 자'
> 이므로, 어리석고 저급하며 지혜가 부족한 자라는 말이 된다.
> 바보라고 하는 자가 바보가 된다.
>
> - 어리석음에 대해서,《경집》

3. 어느 쪽이 옳은지 말다툼한다

'나는 생각한다'는 순식간에 '나는 옳다'로 바뀝니다. 자신과 다른 타인의 생각은 머리에 들어오지 않게 됩니다. 타인은 모두 틀린 사람, 이상한 사람으로 보입니다.

이 망상 영역을 다른 사람에게 강요하게 되면 대립이 일어납니다. 그리고 어느 쪽이 옳으냐를 놓고 논쟁이 벌어집니다. 결국 '나는 생각한다'를 부정당한 것만 같아 화를 내며 서로 비난하는 지경에까지 이르게 됩니다.

하지만 중요한 것은 '도움이 되는가?'입니다. '나는 생각한다'만 있다면 개인의 망상에 지나지 않습니다. '각자가 자신(개인)의 영역에서는 옳다.' 이것으로 충분하지 않을까요?

사람들이 서로에게 내뱉는 말이 얼마나 무익한 것인지―망상과 망상이 서로 부딪쳐도 가치 있는 것은 생겨나지 않는다는 사실―를 알고 나서 나는 '이것이야말로 옳다'라고 주장하지 않기로 했다.

- 논쟁에 대하여, 《자설경》

4. 승패에 연연한다

어느 쪽이 이기고 졌는지를 따지는 것 또한 무의미한 발상입니다. 게임이나 경기라면 몰라도 인간관계에서의 승패란 결국 어느 쪽의 '나는 생각한다'가 관철되었는지를 따지는 싸움에 불과합니다.

끝까지 밀어붙여도 '이겼다'는 생각밖에 남지 않습니다. 이겼다고 우쭐하는 이유는 인정 욕구가 충족되었기 때문입니다. 하지만 그 만족은 머릿속에서 펼쳐지는 망상일 뿐입니다.

현실은 아무것도 변하지 않았으며 가치 있는 것이 생겨나지도 않았습니다. 이 사실이 망상으로 가득한 마음에는 보이지 않을 뿐입니다.

한편, 져서 인정 욕구가 충족되지 않은 쪽에는 화가 남게 되는데, 그 화가 생긴 원인은 이쪽 역시 '나는 생각한다'로 맞섰기 때문이니, 결국 '자기 발신 화'인 셈입니다.

이 싸움 또한 아무것도 만들어내지 않습니다. 이겨도 망상, 져도 망상, 목적 없는 논쟁은 무의미할 뿐입니다. 이 문제는 '도움이 되지 않는다(어리석다)'는 사실을 깨닫고 망상 영역을 리셋하면 해결됩니다.

> 그 사람이 나를 욕했다, 나를 부정했다, 나를 이겼다, 나에게서 빼앗았다. 계속 이렇게 생각하는 사람은 (망상에 사로잡혀 있으니) 원망이 끊이지 않는다.
>
> – 한 쌍의 시, 《법구경》

5. 상대의 도발에 넘어가고 만다

그래도 이겨보이고 싶은 사람은 일부러 다른 사람을 화나게 하는 말을 하기도 합니다. "아무런 말도 못 하겠어?" "억울하면 반박해봐." "나한테 질투하는 거죠? 흥!" 이런 태도를 보입니다. 우위를 차지하려는 전형적인 모습입니다.

초기 불교 경전에 이런 재미있는 말이 있습니다.

상대가 '내가 두려운 게지? 그래서 아무 말도 못 하는 게지?'라고 생각한다
면, 그렇게 생각하게 두는 편이 좋다. 옳은 답은 참고 견디는 것이다.
화를 돌려주지 않음으로써 진정한 싸움에서 승리한다.
도리를 모르는 자는 그 모습을 보고 어리석다(졌다)고 여기지만 말이다.
　　　　　　　　　　　　　　- 신들과 아수라의 대화, 《상응부》

이 말에는 깊은 의미가 담겨 있습니다. 먼저 '참고 견디다
[khanti]'라는 말에는 단순히 화를 억누른다는 뜻이 아니
라 '마음을 빼앗기지 않는다(마음을 쓰지 않는다)'라는 뜻
이 있습니다.

'진정한 싸움'이란 가치 있는 시간을 지키는 것, 쓸데없는
일에 시간을 쓰지 않고 상대하지 않는 것입니다.

그런 자신의 모습을 보고 상대는 '반박하지 않다니 나약
한 녀석이로군. 너의 패배다.'라고 생각할 수도 있습니다. 그
렇게 생각한다고 한들 그건 그저 저쪽이 망상하고 있을 뿐
인 것입니다.

객관적으로 보면 일부러 다른 사람을 도발해서 '패배다.'
라고 말하는 시점에서 그 사람은 시간을 허비한 셈입니다.
자신을 소홀히하는 순간 스스로 패배하게 됩니다.

"하지만 그런 말을 들으면 분해요." 이런 사람은 아직도 망상 영역을 넓히고 있어서 그런 말이 나오는 것입니다. 망상 영역을 해제하고 가치 있는 일에만 전념해야 합니다.

"하지만 가만히 있으면 상대가 더 못살게 굴지 않을까요?" 이때는 기술을 사용하세요. 침묵이란 아무것도 하지 않는다는 의미가 아닙니다. 사실을 직시하고 필요한 조치를 취하세요. 그리고 돌려줄 필요가 있다면 이렇게 이야기하세요. "나는 싸울 생각이 없다, 사실은 이렇다, 나는 이런 삶을 바란다." 남은 것은 제삼자(사회)에게 이해받는 것뿐입니다(스테이지7). 기술을 쓰는 사람에게 '패배'란 없습니다.

> 누군가 자신에게 화를 내도 마음을 지키는 기술을 구사하여
> 흔들리지 않는 자신을 유지하는 것.
> 그것이 최강의 방어다.
>
> — 선한 말에 의한 승리, 《경집》

6. 질투와 시기

자기에게 없는 것을 가진 사람에게 질투를 느끼는 것도 일종의 망상 영역에 해당합니다.

이 역시 그 뿌리에 인정 욕구가 자리 잡고 있기 때문입

니다. 속으로는 '내가 가장 인정받고 싶다, 칭찬받고 싶다.'라고 생각합니다. 그 망상 영역에 자기보다 더 칭찬받고 있는 타인의 모습이 들어옵니다. 그러면 화를 느끼게 됩니다.

질투로 인한 화에 대해서만큼은 진실을 받아들일 수밖에 없습니다. 인간은 타인을 이길 수 없다는 진실 말입니다. 사람은 다른 사람에게 '이길' 수 없습니다. 나와 남은 다르므로 나는 나 자신의 삶을 살 수밖에 없습니다.

'가치 있는 인생은 한 가지뿐이다.'라는 생각 때문에 '그것이 내가 아니'라는 데서 화가 나는 것입니다. 그러나 그렇게 생각하는 이유는 망상 영역을 넓히고 있기 때문입니다. 이 영역을 해제하면 '각자의 삶이 있다'는 사실만 남습니다.

그렇다면 내가 할 수 있는 일은 가치 있는 시간을 보내는 것, 제 역할을 다하는 것, 자신을 최대한 살리는 것입니다. 이런 자신을 수긍하게 되면 더는 다른 사람의 모습이 신경 쓰이지 않게 됩니다.

타인이 시야에 들어오지 않도록 방법을 생각한다

―――――

다른 사람의 모습이 시야에 들어오면 아무래도 마음이

술렁거립니다. 자신의 편의에 따른 전개, 사람들에 대한 기대, '내 가치는 어느 정도인가?' 하는 자의식에, '이것밖에 없다'는 생각, 질투로 인한 화 등등. 모두 타인을 너무 많이 보는 데서 비롯된 것입니다.

이제 '의식적으로 타인을 보지 않는' 기술도 알아둡시다. 예를 들면, 다음과 같습니다.

① '사람에게는 각자의 역할이 있다'고 생각한다

사람은 자신의 삶을 살 수밖에 없습니다. 다른 사람과 바꾸기란 불가능합니다.

그러므로 다른 사람의 인생이 부럽게 느껴지면 '나에게는 내 역할이 있겠지.' '저 사람과는 다른 나만의 역할을 다하라는, 온전히 자신의 인생을 살라는 뜻이구나.' 이렇게 생각해보세요.

② '피차일반'이라고 생각한다

망상 영역을 넓히면 '하여튼 그 사람은 정말…' 하고 잘난 체하며 판단하기 십상입니다.

자신의 편의에 따라 망상을 펼치고 있어서 무심결에 자신이 낫다고 착각하기 때문입니다.

하지만 객관적으로 보면 나 또한 작은 존재입니다. 게다가 상당히 쓸데없는 일(거의 망상)에 마음을 쓰고 있으며 잘못도 많이 저지르고 있습니다.

그래도 사람들과 이어져 있기에 사회가 성립되고 자신도 살아갈 수 있는 법입니다.

이것이 진실이라면 자신에 대한 착각도 잘못된 것입니다. 서로에게 조금 더 상냥해지는 것, '피차일반'이 본래의 모습입니다.

③ '사람님'이라고 불러본다

이는 솔직함(자유로워 머리가 잘 돌아가는 상태)을 중시하는 불교만의 방법입니다. 다른 사람과 자신은 다릅니다. 혼동하지 않도록 다른 사람을 '사람님'이라고 불러봅니다.

의식적으로 타인에게 경의를 표함으로써 망상 영역을 과도하게 넓히는 실수를 막을 수 있습니다.

④ 사람은 '머나먼 별'이라고 생각한다

타인의 마음은 머나먼 별과 같습니다. 아무리 손을 뻗어도 결코 닿지 않습니다. 그저 바라볼 수밖에 없습니다. 별에 대고 화내는 사람은 없지 않을까요?

만약 다른 사람의 모습이 시야에 들어와 화가 나면 '별한테 화를 내는 셈이지.' 이렇게 생각하세요. 별을 노려봐 봤자 아무 소용 없습니다. 자신의 인생은 대지(자신의 시간)에 존재합니다.

자신의 인생을 사는 것을 중요시하라. 좋은 말을 들어도 나쁜 말을 들어도 마음이 움직이지 않도록 하면서 흙탕물에도 더러워지지 않는 연꽃처럼 마음을 지키며 살아가라.

- 길을 아는 자, 《경집》

어떤 일에도 흔들리지 않는
강한 마음을 만들다

다른 사람에게 휘둘리지 않는
자신이 되자

이 세상에 사는 한 타인과 관계를 맺지 않고 살 수는 없습니다. 모두가 좋은 사람, 즉 상대방을 잘 이해해주는 사람이라면 즐거운 세상이 펼쳐지겠지만, 현실에서 만나는 사람들은 모두 각자의 생각을 지녔으며 성격도 다 다릅니다. 그중에는 자존심이 세고, 강압적이며, 무척 성질이 급한 사람도 있고, 때로는 노골적으로 악의나 적대감을 드러내는 사람도 있습니다. 이런 사람과도 스트레스를 받지 않고 서로 대등하게 지내는 것이 이상적입니다.

우리는 여기서 한 걸음 더 나아가 어떤 상대에게도 흔들리지 않는 강한 마음 만들기에 도전해봅시다.

부처가 직접 전수하는 '흔들리지 않는 마음' 단련법

어떤 일에도 흔들리지 않고, 휩쓸리지 않으며, 성가신 상대라도 냉정하게 직시하면서, 마음을 무너뜨리지 않는 경지를 불교에서는 부동심不動心이라고 표현합니다. 이 부동심은 훈련하면 키울 수 있습니다.

여기서는 부처에게 등장을 부탁해볼까요? 초기 불교 경전에 이런 말이 기록되어 있습니다.

> 나는 무엇 때문에 공포를 두려워하는가.
> 오히려 두려움을 있는 그대로 받아들임으로써
> 공포를 물리쳐야 하지 않는가.
>
> - 각성 전야, 《중부》

부처가 아직 일개 수행자였던 시절, 심야에 바위산 기슭의 원시림에서 명상을 하던 때의 일입니다.

눈을 크게 떠도 칠흑밖에 보이지 않는 한밤중이었습니다. 어둠 속에서 정체를 알 수 없는 짐승들의 포효가 들

려옵니다. 무방비 상태로 몸을 그대로 드러낸 채 숨 쉬고 있
는 자신에게 언제 어디서 무엇이 덮쳐올지 모릅니다.

본능이 위험을 감지했는지 몸이 떨려옵니다. 소리를 지를
것인가, 도망을 칠 것인가, 의식을 놓을 것인가? 극심한 공
포가 닥쳤을 때 사람은 마지막 선택을 해야만 합니다.

이때 부처는 어떤 선택을 했을까요? 바로 싸움을 선택합
니다.

누구와? 두려움을 느끼고 있는 자신의 마음과 말입니다.

마음이 움직인다. 두려움에 사로잡힌다. 도망쳐도 마음은
따라온다. 그렇다면 '이 마음에 져서는 안 된다!'고 생각한
것입니다.

그래서 부처는 어떻게 했을까요? 마음을 보기로 합니다.

마음의 움직임을 그대로 관찰합니다. '지금 내 마음에 무
슨 일이 일어나고 있는가?' 마치 마음이 하나의 사물이라도
되는 것처럼 관찰하고자 했습니다.

재미있는 것은 진심으로 작정하고 마음의 움직임을 객관
적으로 관찰하려고 하는 순간 마음이 움직이지 않게 된다
는 것입니다. 마음을 보는(관찰하는) 것과 마음이 움직이는
(반응하는) 것은 정반대로 작용하기 때문입니다.

만약 무의식적으로라도 '무섭다'고 반응하면 마음은 움직임을 멈추지 않습니다. 두려움, 긴장, 압박감은 이처럼 마음이 움직이는 데서 비롯됩니다.

게다가 마음은 다른 상황에 처해도 같은 패턴을 반복합니다. '금세 동요한다, 압도당한다, 같은 실수를 저지른다.' 왜 반복하게 되는 것일까요? 움직이는 마음을 극복하지 못했기 때문입니다. 왜 극복하지 못하는 것일까요? 마음을 보지 못하기 때문입니다.

망상하지 않고, 휩쓸리지 않으며, 휘둘리지 않고, 해야 할 일을 하는, 이런 자신이 되고 싶다면 마음부터 볼 줄 알아야 합니다. 마음을 보지 않고서는 아무 소용 없습니다.

만약 당신이 어떠한 일에도 흔들리지 않는 강한 마음을 갖고 싶다면, 이것저것 망상하는 것을 미련 없이 멈추고 '도대체 무슨 일이 일어나고 있는지' 자신의 마음을 보는 시간을 늘리세요.

최강 멘탈은 '사티'에서 시작된다

———

사티는 부처가 '마음을 보는 기술'로써 찾아낸 기법입

니다.

이것이 바로 현대에 전해지는 명상과 좌선의 원형이기도 합니다. 바로 해볼까요?

먼저 눈을 감으세요. 눈앞의 어둠 속에 무엇이 존재하는지 확인합니다. '이쪽 방향에서 소리가 들려온다.'나 '이쪽에서 인기척이 느껴진다.' 같은 그 시점에서 '존재한다'고 알 수 있는 것을 알아차립니다. 시각, 소리, 기척 등 모두가 이에 해당합니다.

이러한 소리나 기척을 알아차리는 상태, 그러니까 사실로서 알아차리기는 했어도 반응은 하지 않는 마음 사용법이 '사티[알아차림, awareness]'의 본질입니다. '존재한다(보인다, 들린다)'고 알고만 있는 상태입니다.

화가 벌컥 나면 '벌컥'이라는 마음의 움직임을 알아차립니다. 생각이 떠오르면 '생각했다(생각하고 있었다)'고 알아차립니다. 이처럼 모든 것을 '존재한다'고 아는 데서 그칩니다.

그러면 불안감이 생겨도 '아, 망상이 생겼네.'라고 알아차리고 끝입니다.

하나의 망상은 지극히 약하고 수명도 짧습니다(그래서 평소 떠올리는 잡념은 두서가 없고 기억하려고 해도 금세 잊어버리게 되는 것입니다). 그래서 '존재한다'고 알아차리는 것에만 일관하면 망상은 저절로 사라지게 됩니다.

이 '망상 베기'로 평소에 지나치게 넓힌 망상 영역과 불쾌한 기억 모두를 싹둑 잘라낼 수 있습니다.

운동선수나 격투가가 순간적으로 움직일 수 있는 것도 '사티'에 의해서입니다. 흔들리지 않는 상태로 냉정하고 치밀하게 그저 봅니다. 존재한다고 알아차립니다. 그리고 순식간에 움직입니다.

마치 전광석화처럼, 빈틈이 전혀 없는 찰나의 움직임입니다. 미시적 수준에서 관찰하면, 사티(알아차림)가 작용하여 알아차린 대상에 대해 뇌가 순식간에 지시를 내리고 이내 근육이 움직이는 순으로 이어집니다. 그 흐름이 범상치 않게 빠릅니다.

진정한 불도 수행이란 사티의 기능을 극한까지 높여 가는 훈련입니다. 깊이 연구하고 싶다면 세속의 관계를 일절 버리고 장기간에 걸친 수행에 도전해야 합니다.

다만, 현실 생활에서 흔들리지 않는 자신이 되고 싶은 거라면 그렇게까지 몰아붙일 필요는 없습니다. 이 책에서 소개하는 기술만 익혀도 여유로워질 수 있습니다.

'마음의 이도류'로 무적을 노려라

———

사티와 함께 흔들리지 않는 마음을 기르는 불교식 수련법으로 **라벨링**이 있습니다.

불교 명상에 있어서 라벨링이란 사실을 말로 확인하는 것을 의미합니다.

세세하게 '존재한다'고 알아차리는 것이 사티라면, 대강 말로 확인하는 것이 라벨링입니다. 두 가지 모두 흔들리지 않는 마음을 기르는 훈련입니다.

라벨링으로 무엇을 확인하는 걸까요? **바로 자신의 마음과 몸의 움직임입니다.**

'지금 좀 짜증이 나요.' '**망상**에 빠져 있어요.' 하고 자신의 마음을 확인합니다.

'세수하고 있습니다.' '차를 운전하고 있습니다.' '컴퓨터로 작업 중입니다.' 이처럼 자신의 행동을 확인합니다.

밖에 나가서도 사실을 말로 확인하는 데서부터 시작합니다.

'빨간불입니다. 멈춥니다.' '전철이 왔습니다. 탑니다.' '가게에서 쇼핑을 합니다. 1년에 한 번 열리는 대대적인 할인 행사라고 합니다.' 그러면 '갖고 싶어!' 하고 바로 달려가지 말고 '할인→싸게 판다→구경해본다→산다' 순으로 라벨링을 합니다(사지 못하더라도 수행이라 생각하고 참습니다).

보고, 듣고, 하는 일을 말로 정확하게 확인합니다. 전부 사실, 사실, 사실입니다.

그러면 과잉 반응, 즉 마음이 흔들리는 폭이 줄어들게 됩니다. '움직인다, 움직였다, 그럼 다음은?' 이처럼 사실만 확인해도 앞으로 나아갈 수 있습니다.

이것이 바로 쓸데없는 반응을 떨쳐냈을 때 열리는 새로운 경지입니다. 화에도 사로잡히지 않게 됩니다. '화가 났어. 자, 어떻게 할까? 기술을 사용하자.' 이렇게 생각할 수 있기 때문입니다.

'정말 그럴까?' 싶을 수도 있겠지만, 실천해보면 알 수 있습니다.

이 사티와 라벨링은 흔들리지 않는 마음을 키우기 위한 기본적인 기술입니다.

이 기술은 뒤에 나오는 '맞설 수 없는 불편한 상대나 성격적으로 성가신 사람'을 마주할 때도, 그러니까 굳이 말하자면 이 사람들과 '대결'을 할 때도 필요합니다.

이 두 기술은 명상에 있어서 '자전거의 두 바퀴와도 같다.'라고 말할 수 있습니다. '이도류(쌍검술)'라고 불러도 좋을 정도로 중요한 기술입니다. 꼭 수련을 쌓으세요.

마음을 청정하게 하고 고뇌를 제거하는 유일한 길이 사티다.
알아차림이 잘 작용하도록 앉아라. 호흡이란 어떤 것인지 잘 관찰하라.
육체의 감각을 보라. 몸의 움직임을 의식하라. 이동할 때, 시선을 옮길 때,
팔다리를 움직일 때도 잘 알아채고 행하라.
마음에 일어나는 탐욕과 화와 망상이 솟을 때와 사라질 때
그 상태를 알아차리는 것이다. 어떤 상태든 있는 그대로 자각하라.
- 알아차림의 기초에 대해서, 《장부》

다른 사람과 관계를 맺기 전에
'마음의 형태'를 확립하자

'자신의 마음을 보고, 흔들리지 않는 마음을 기른다.' 그다음으로는 사람들과 어떻게 마주할 것인지에 대한 답을 냅니다.

먼저 모든 인간관계가 자신과 상대방의 마음과 마음의 관계라는 사실에 눈을 뜨세요. 축이 되는 것은 자신의 마음입니다. 흔들리지 않는 마음을 유지하면서 상대의 마음과 어떻게 마주할 것인지에 대한 답을 내기만 한다면, 인간관계에 대한 고민은 대부분 해결됩니다.

반면에 자신의 망상 영역을 넓힌 채 상대를 자기 생각대로 움직이려고 하면 실패합니다. 오른쪽으로 움직이라고 해도 왼쪽으로 움직이거나 '왜?'라고 대답하는 게 타인입니다.

통하지 않는 상대에게 화를 내기보다는 자신이 어떻게 마주할 것인지에 대한 답부터 내야 합니다. 부동심에 더하여 마주하는 기술, 이 두 가지를 모두 갖추면 최강의 '나'가 탄생합니다.

나와 남 사이에 선을 긋다

먼저 말을 사용하여 관계를 정리합시다. 나와 남은 다르다는 당연한 사실부터 인지하세요. 그리고 **나와 남 사이에 선을 긋습니다.**

'남은 남이고, 나는 나다.'라는 말을 종종 듣습니다. 이 말을 다음과 같이 바꿔볼 수 있습니다.

1. '남은 내가 아니다.'

당연한 이야기지만, 그 사람은 내가 아니며 나 또한 그 사람이 아닙니다. 다른 생각을 가지고 다른 삶을 살고 있습니다. 그래서 내가 어떤 망상을 하든 전혀 그 망상이 통하지 않는 것입니다. 받아들여질 거라고 기대할 수도 없습니다. 처음부터 '전혀 별개'인 존재입니다. 이 사실을 이해하지 못하면 자신의 편리에 따른 망상을 상대에게 강요하다가 속을 태우거나 실망해서 엇갈림과 대립을 불러일으킵니다.

남과 나 사이의 선 긋기가 무너졌을 때 인간관계로 고민하게 됩니다. '나는 이렇게 생각하는데, 왜 그 사람은 이해하지 못할까?' 하고 고민합니다. 그러나 '나와 그 사람은 전혀 별개'이므로 '이해하지 못하는' 것이 당연합니다. 사람들은 정말이지 묘한 일로 고민을 합니다.

2. '다른 사람은 이럴지도 모르지만, 나는 이렇게 하자.'

이는 부처가 즐겨 사용하던 말입니다. '-일지도 모르지만'으로 둘을 깔끔하게 나누고 '나는'을 확인하는 부분에서 논리적인 표현에 뛰어났던 부처다운 말투가 엿보입니다.

> 다른 사람에게 상처를 주는 사람이 있을지도 모르지만,
> 나는 상처받지 않도록 노력하겠다.
> 나쁘게 말하는 사람이 있을지도 모르지만,
> 나는 올바른 말을 하도록 늘 명심하겠다.
> 오만한 사람이 있을지도 모르지만, 나는 자중하며 살아가겠다.
> — 수행자 춘다에게 주는 가르침, 《중부》

3. '나에게는' '당신에게는'

남과 나는 다르므로 '나에게는'과 '당신에게는'으로 나누는 것이 당연합니다. 말 앞에 머리말(말하자면 선을 긋는 말)을 붙입니다.

"저에게는 이러이러합니다(저는 이렇게 이해했습니다)."

"당신에게는 그렇군요."

이렇게 이야기하면 대화 차원에서 나와 남을 혼동하는 일을 막을 수 있습니다.

그러고 나면 '진정한 대화', 즉 서로 '나에게는'과 '당신에게는'을 이해하는 대화가 시작됩니다.

사람을 볼 때는 '세 가지만'

———

이처럼 선을 그은 다음에는 사람들과 마주합니다. 마주하는 방법에도 요령이 있습니다.

자신의 마음과 마찬가지로 사람도 '그저 보기만 할 뿐', 즉 이해하기만 하면 됩니다.

'사람을 그저 본다, 이해한다.' 무엇을? 그냥 상대의 세 가지만 보고 이해하면 됩니다.

초기 불교 경전에 이런 말이 있습니다.

> 생각과 말과 행동, 이것이 인생을 만드는 업이다.
> 이 세 가지가 인생을 좋은 방향으로도 나쁜 방향으로도 이끈다.
> — 관철하는 것, 《증지부》

'업'이란 인생을 만드는 힘이자 요소라는 뜻입니다. 즉 무엇을 생각하고, 무엇을 말하고, 무엇을 하는지에 따라 인생이 결정된다는 의미입니다. 따라서 **인생을 바꾸고 싶다면 사고방식과 하는 말과 실제 행동을 하나씩 바꾸어나가면 됩니다.** 간단하지 않나요?

타인도 이 세 가지로 이루어져 있습니다. 그러니 **타인을 마주할 때는 그 사람의 생각과 말, 행동을 보는—관찰하고 이해하는—데서부터 시작합니다.**

이 세 가지에도 순서가 있습니다. 가장 먼저 **봐야 할 것은 말입니다.** 사람들과는 기본적으로 말로 대화를 나누기 때문입니다.

인사부터 복잡한 협상에 이르기까지 일상적인 소통을 만들어내는 것은 압도적으로 말입니다. 게다가 평소의 자신을 되돌아보면 알 수 있듯이, 대개는 "이렇게 하고 싶다." "이렇게 생각한다." "이런 일이 있었다."라고 생각한 바를 그대로 말로 합니다.

따라서 타인을 이해하고 싶다면 기본적으로 그 사람의 말부터 들어야 합니다.

"당신이 하는 말은 충분히 이해됩니다."

"무슨 말인지는 알겠습니다."

그리고 이렇게 되받으면 됩니다.

말 다음으로 보는 것이 상대방의 행동입니다. 여기에는 시야에 들어오는 상대방의 모든 요소가 포함됩니다. 몸짓, 행동거지, 표정과 시선의 움직임, 옷차림, 분위기 등 보이는 모든 것들입니다.

상대방의 표정이나 행동을 보다 보면 '화가 났나?' 싶을 때가 있습니다. 이처럼 눈에 보이는 정보는 상대의 생각을 살피는 재료로써 도움이 됩니다. 다만 진실은 직접 물어보거나 상대방이 이야기를 해주기 전까지는 알 수 없습니다. 역시 기본은 '먼저 말을 통해 이해하는' 데서부터 시작해야 한다는 말입니다.

여기서 중요한 포인트가 나옵니다. 상대방의 생각을 과도하게 망상해서는 안 된다는 것입니다. '이런 사람임이 틀림없다.' '분명 이런 생각을 하고 있을 것이다.' 이렇게 단정 짓지 않도록 주의하세요. 의외로 우리가 가진 이미지(인상이나 상상)는 허점투성이이기 때문입니다. 자신의 편의에 따른 망상 영역을 넓혀 내 마음대로 이해했다고 착각에 빠질 위험이 있습니다.

덧붙여 '사람은 겉모습이 주는 인상으로 좌우된다.'고도 하지만, 그것은 어디까지나 '인상'일 뿐입니다. 더 깊이 알고자 한다면 말을 통해 이해하는 수밖에 없습니다.

사람은 말로 생각을 전하는 법이니 먼저 말부터 들으면 됩니다.

'국어'라는 생각으로 말을 들어라

'다른 사람의 생각은 말을 통해 있는 그대로 이해한다.' 의외라고 느껴질 수도 있겠지만, 이는 국어 문제를 푸는 것과 비슷합니다. 교과목 중에서 국어를 떠올려보세요.

'밑줄 그은 말이 무슨 뜻인지 설명하시오.'라고 물으면 어떻게 해야 할까요?

'무슨 뜻일까?' 하고 내 생각이 들어가기 시작하면 틀린 답을 쓰게 됩니다. **정답을 맞추려면 질문으로 돌아가서 '본인(저자)이 설명하고 있는 말'을 찾아야 합니다.** 그리고 찾아낸 말들을 이어서 '(본인이 말하는 바는) 이러이러합니다.' 하고 자연스러운 문장을 작성하면 정답이 완성됩니다.

현실에서의 인간관계도 마찬가지입니다. 일일이 속마음을 살피지 않아도, 상대방의 말에서 골라내기만 하면 됩니다. 상대방이 "빨간색!"이라고 하면 "빨간색이군요." 하고, "흰색!"이라고 하면 "흰색이군요."라고 되받을 뿐입니다.

그런데 사람은 무심결에 자신의 생각을 강요하고 맙니다. 자신이 '흰색'이라고 생각하면 "아니, 흰색이에요. 흰색이 틀림없어요. 당신은 이상하군요." 하며 정색합니다. 하지만 그 사람에게는 '빨간색'으로 보이므로, '흰색'이라고 우겨봤자 평행선을 그릴 뿐입니다. 이런 것을 '서로 이해하지 못한다'고 하는 것입니다.

"당신에게는 빨간색이로군요. 이해했습니다." 이렇게 말하면 그만입니다.

과도하게 망상하지 않고 상대방의 말과 행동을 통해 알

수 있는 범위 내에서 그 사람의 생각을 이해합니다. 만약 상대가 침묵하면 '말하지 않겠다.'가 상대방의 생각인 셈입니다. 정말 알고 싶을 때는 직접 물어보거나 상대의 말을 기다려야 합니다.

만약 상대가 거짓말을 한다면 어떨까요? 이런 때일수록 더더욱 말과 행동을 잘 살펴봐야 합니다. 잘 보면 본인 생각과의 차이, 즉 거짓말이 보입니다. '다른 생각이 있는 것 같다'는 사실만 알면 충분합니다.

그 이상으로 망상하면 오해할 위험이 커집니다. 사실대로 말하고 있는데도 거짓말이라고 단정하거나, 반대로 상대방의 거짓말을 그대로 받아들이게 됩니다.

'그래도 만약 속았다면?' 이런 망상을 부처는 단칼에 자릅니다.

"자신이 해야 할 일, 할 수 있는 일을 답으로 삼아라."

즉 상대가 어떤 생각을 하든 중심은 자신이고, 내가 어떻게 마주하느냐에 따라 결정된다는 말입니다. 설령 상대가 악의나 타산, 속셈을 숨기고 있다고 하더라도 **자신이 어떻게 반응할지(무엇을 할지)는 자신이 정하는 것입니다.** 따라서 '나'라는 중심이 흔들리지 않으면 다른 사람의 거짓말에 휘둘리는 일도 없습니다.

과거에 상대방의 생각을 이해할 수 없었던, 혹은 자신의 생각이 전해지지 않았던 경험이 있는 사람이라면 이렇게 되돌아보세요.

얼마나 상대방의 말을 들으려고 했는가?

자신의 편의에 따른 생각을 강요하지는 않았는가?

사람은 대개 자신의 생각(망상)으로 가득해서 다른 사람의 말을 잘 듣지 않습니다. 그렇기에 많은 오해, 엇갈림, 이별을 겪어온 것입니다. 다른 무엇보다도 상대의 말에 귀를 기울이지 않으면 그 사람의 마음을 이해할 수가 없습니다.

다른 사람과의 대화는 '온천 탁구'

이렇게 해서 다른 사람의 말을 있는 그대로 받아들이는 (이해하는) 법을 익히고 나면 인간관계는 단순한 말의 교환이 됩니다. 약간 경박스러운 비유인 것 같아 부끄럽지만, 온천 탁구에 비유해볼 수 있겠습니다.

온천 여행지 숙소에서 탁구대를 본 적이 있을까요? 자, 이제 심심풀이로 탁구를 치며 논다고 해봅시다. 상대가 쳐서 보낸 공을 적당히 받아칩니다. 그냥 보고 되받아치기만 하면 됩니다. 그런데 상대가 심술궂게도 코너를 노리고 쳤다고 해봅시다. 그래도 그냥 보고 되받아치는 것은 똑같습니다. 그러자 이번에는 상대가 화가 나서 스매시 공격을 합니다. 그래도 '어라, 왠지 화가 난 모양이네.' 하고는 "자요." 하고 받아치면 그만입니다.

가운데 세운 네트가 경계선입니다. 이쪽이 골라내는 것은 상대가 쳐서 보낸 공뿐입니다. 일일이 상대방이 무슨 생각을 하는지는 따져보지 않습니다. 잘 보고 있다가 "자요." 하고 되받아치기만 할 뿐입니다.

다른 사람과 대화를 할 때도 마찬가지입니다. 사이에 선을 긋고 상대의 모습을 바라보기만 하면 됩니다.

상대가 한 말에 "네, 알겠습니다." 하고 되받아칩니다. 말투가 평소와 다릅니다. '화가 났나?' 이런 생각이 들면 "화가 났나요?" 하고 물어봅니다. 돌아오는 말에는 "그랬군요." 하고 있는 그대로 받아들입니다.

만일 상대가 욕을 하면 "무슨 말인지는 알겠습니다." "당신에게는 제가 바보 같다는 말씀이군요(잘 알겠어요)."라고 대답합니다. 어떤 말로 공격하든 "알겠어요." "그렇군요." "그런가요?"라고 대답할 뿐입니다. 필살기-'알겠어' 돌려주기!

대화가 시시하다면 멈추면 그만입니다. 하지만 현실은 다릅니다. 상대가 스매시(도발하는 말)를 했다. "이것 봐라!" 하고 정색하며 맞받아칩니다. 코너를 노리고 쳤다(빈정거림, 시비, 트집). "그렇게 나온다면 이쪽은 이렇게 해주겠어!" 하고 더욱 코너 깊숙한 곳을 노리고 반격합니다. 저쪽도 스매시, 이쪽도 스매시, 처절한 시합입니다. 결국 "어이, 뭐 하자는 거야?" "해보겠다는 거야, 어?" 하고 서로 호통을 치거나 몸싸움을 시작합니다. 그저 탁구(말로 하는 대화)일 뿐인데 말입니다.

이처럼 아무것도 얻을 것 없는 대화가 되지 않도록 다음 스테이지에서는 어떤 상대에게도 흔들리지 않는 기술을 배웁니다.

우선은 말로 서로를 이해하는─의사소통이 잘 되는─관계를 목표로 합시다.

타인의 '압박'에
의연하게 마주하다

어떤 상대에게도 겁먹지 않는
자신을 구축하라

지금까지는 비교적 쉬운 인간관계에 대해 살펴보았습니다. 이제 조금 더 레벨업을 해볼까요? 먼저 당신이 날마다 마주치는 사람들을 다음과 같은 네 가지 유형으로 나누어 봅시다.

① 거의 스트레스를 받지 않는 사람
서로 마음이 통하는 가족이나 친구 등

② 어느 정도 신경을 써야 하는 사람

윗사람이나 주로 업무와 관련된 상대

③ 상당히 신경 쓰이는 사람

불쾌하게 만들까 두려운, 강압적이어서 거절하는 데 꽤 애를 먹는, 가능하면 다가가고 싶지 않은, 말하자면 '압박'을 느끼는 상대

④ 도저히 이길 수 없는 사람

말로는 꺾을 수 없어 항상 스트레스를 받는, 맞설 수 없는, 이른바 천적과도 같은 힘겨운 상대

이 중에서 문제가 되는 것은 ③과 ④입니다. '압박'을 느끼는 상대와 도저히 맞설 수 없는 힘겨운 상대, 공교롭게도 이런 사람들은 인생의 장면장면마다 등장합니다. 처음에는 부모, 선배, 교사, 같은 반 학생이 있고, 사회에 나가면 직장 상사나 거래처 담당자가 있습니다. 그러다 어느샌가 남편이나 아내, 배우자의 부모, 그리고 늙은 부모가 또다시 성가신 상대로 변해 돌아오기도 합니다.

만나기만 해도 스트레스가 쌓이는 이런 상대를 어떻게

마주해야 할까요? 드디어 기술을 발휘할 때가 왔습니다.

힘겨운 상대의 '승리 패턴'을 간파한다

———

여기서부터는 가장 힘겨운 상대, 즉 도저히 이길 수 없는 '그 사람'을 가정하면서 이야기해봅시다. 별로 떠올리고 싶지 않을 수도 있겠지만, '화'를 넘어서기 위해서는 피해갈 수 없는 과제입니다. 만약 이런 상대까지도 이겨낼 수 있게 되면, 그보다 '약한' 상대를 마주하는 일은 훨씬 쉬워집니다.

사람과 관련된 스트레스를 완전히 해소하고 싶다면, 가장 힘겨운 상대에게도 지지 않는 기술을 익히는 것이 가장 효과적입니다.

그렇다면 애초에 왜 우리는 이런 상대를 힘겹다고 느끼는 걸까요? 몸싸움을 하고 있는 거라면 몸집이나 완력으로 상대가 얼마나 버거운지를 측정할 수 있습니다. 하지만 일반적인 인간관계에서는 서로 그냥 바라보거나 말을 섞을 뿐입니다. 그런데도 '이길 수 없다'는 생각이 들게 하다니… 도대체 무슨 일이 벌어지고 있는 걸까요?

사실 이길 수 없는 상대와의 대화에는 패턴이 있습니다.

일본식 씨름인 스모에는 82가지 승부를 가르는 기술이 있습니다. 마찬가지로 항상 말로는 꺾을 수 없었던 '그 사람'도 남몰래 기술을 사용합니다. 여기에 그들의 대표 기술을 나열해보겠습니다.

승부를 가르는 기술 목록

주변에서 경험한 승부를 가르는 기술에 체크해보세요.

1. 밀어붙이기 "원래 이렇게 하는 거야, 이렇게 해야 해, 이렇게 해라." 하고 무작정 밀어붙인다. 그 억지스러움에 져서 시키는 대로 하고 만다.

2. 에워싸기 "다들 그렇게 말해." "상식이잖아." "세상은 원래 그런 거야." "그렇게 말하는 건 너밖에 없어." 이처럼 '다른 많은 사람'을 내세우며 자기 의견을 정당화하려고 한다. 일명 '모두 그래' 이론.

3. 내려찍기 "남들만큼 할 수 있게 되면." "더 벌게 되면." "시험에 합격부터 하고 말해." 이쪽에 없는 것, 즉 약점을 찔러온다.

4. 올려찍기 "나이도 먹을 만큼 먹었으면서 이런 것도 못하나?" "벌써 몇 년을 했는데…." "더 잘할 수 있는 놈

이라고 생각했는데 말이야. 실망이야." 일단 치켜세
웠다가 깎아내린다.

5. 공치사 넘어뜨리기 "누구 덕에 밥 먹고 사는 건데." "너
한테 돈이 얼마나 들어갔다고 생각해?" "이만큼 해줬
으니 이 정도 말은 들어." 예전에 베푼 은혜를 생색내
며 요구를 관철시키려고 한다.

6. 비교 내려치기 "동료인 ○○를 본받아." "○○는 이렇게
열심히 하고 있다고. 그에 비해 너는 말이야." "옆집의
○○는 만점을 받았는데, 왜 너는 못 하는 거야?" 잘
난 타인을 내세우며 못한다고 깎아내린다.

7. 내치기 "당신과는 상관없어." "어차피 자네가 잘못했
겠지." "싫으면 그만두지 그래?" "어떻게 돼도 난 모
른다." "너 같은 거, 아무도 기대하지 않아." 냉담하게
내친다.

8. 눈물 공세 "이런 일로 고생하게 하다니, 난 참 슬프네.
유감이야." "나를 곤란하게 만들지 말아줘." 자신이 피
해자임을 호소한다.

9. 발끈 내려치기 "그런 말 할 것 같으면 이제 됐어!" "아
무것도 안 할 거야." "그만둬 주겠어." "죽어버릴 거야."
강하게 나오며 이쪽을 곤란하게 만들려고 한다.

10. 얼버무리기 "그러고 보니 그건 어떻게 됐어?" "시간이 없어. 이 이야기는 나중에 해." "뭐야, 이런 것도 몰라?" 다른 화제를 꺼내며 관심을 돌린다.

11. 강하게 나오기 "그게 무슨 문제라도?" "이제 와서 말해도." "아직도 그런 말을 하는 거야?" 문제가 없는 것처럼 군다. '내가 이상한가?'라는 생각이 들게 한다.

12. 보복하기 "말을 안 들으면 그 이야기는 없던 걸로." "그렇게 말하면 안 해줄 거야." "나중에 곤란해질걸." 넌지시 보복할 기색을 내비치며 요구를 관철하려고 한다.

13. 찬물 끼얹기 "어차피 아무것도 달라지지 않아." "해봤자 소용없어." "이제 와서 늦었어." "당신 참 대단하네, 이런 일에 애쓰다니." 남의 의욕에 찬물을 끼얹는 말을 한다.

14. 위해서 내려치기 "당신 생각해서." "걱정돼서 하는 말이야." "자네에게 도움이 되지 않아." 툭하면 '당신을 위해서'라고 호소한다.

와! 참으로 다양합니다. 마치 변화무쌍한 공격을 당하고 있는 것 같습니다. 승부를 가르는 기술은 훨씬 더 다양하지 않을까요? 당신도 힘겨운 사람과 마주치면 상대의 승부수가 무엇인지 곰곰이 생각해보세요.

'승부를 가르는 기술, ○○○○로 상대방의 승리!' 끄응, 분하다.

확실히 적은 강하고, 논리도 무한대로 펼칩니다. 이런 상대에게 어떻게 맞서야 할까요?

수행을 위한 여행을 떠나자

이것이 만화라면 이야기는 으레 '시련'으로 시작될 것입니다. 주인공을 가로막는 불합리한 현실, 압도적인 힘을 지닌 라이벌 또는 강적! 대개 호되게 당하는 데서부터 이야기는 시작됩니다.

이때 자포자기해서 드러눕거나, 홧김에 폭식을 하거나 하는 일은, 현실에서는 충분히 있을 법한 일이지만 만화에는 없습니다. 압도적인 힘의 차이에 충격을 받은 주인공은 '수행 여행'에 나섭니다. 그리고 스승 밑에서 기술을 연마하며 심신을 단련합니다. 자, 이제 다시 숙적이 있는 곳으로! 이것이 만화의 정석입니다.

아니, 현실의 인간관계 역시 다르지 않습니다. '이길 수 없다, 맞설 수 없다, 항상 말 한마디 해보지 못하고 끝나버 린다.' '상대가 시키는 대로 하거나, 말이 통하지 않아 분한 마음으로 물러나거나, 어차피 내 주제에 무슨….' **아니요!** 그런 전개는 있을 수 없습니다.

우리의 스승 부처—마음의 달인[The Buddha, Master of Mind]—가 있기 때문입니다. 자, 일어서세요. 어떤 상대에 게도 지지 않는 마음의 기술을 배워봅시다.

> 인생은 마음을 어떻게 쓰느냐에 따라 결정된다.
> 모든 것은 마음에서 나오고 마음에 의해서 만들어진다.
> 마음에 휘둘리다 끝나지 말라. 마음을 조종할 줄 아는 자가 되어라.
> - 부처의 마지막 여행, 《장부》

왜 항상 말로는 꺾을 수가 없을까

───────

아무리 힘겨운 상대라도 어차피 계속 내보내는 것은 말 뿐입니다. 하지만 이쪽은 타격을 받습니다. 말로는 꺾을 수 없습니다. 어째서일까요? 여기에는 몇 가지 이유가 있습 니다.

첫 번째 이유는 간단합니다. 말을 곧이곧대로 받아들이기 때문입니다.

"다들 그렇게 말해." "할 줄 알게 되면 그때 말해." "실망했어." "이런 것도 몰라?" 이런 말을 곧이곧대로 받아들여버립니다. 그리고 그 순간 이야기가 다른 데로 새버립니다. 허를 찌르는 상대의 공격에 '어, 그건…' '내 문제라고? 내가 잘못했다는 건가?' 하고 마음이 움직이고 맙니다.

상대방의 말을 '곧이곧대로 받아들이는' 것과 앞서 이야기했던 '있는 그대로 이해하는' 것은 전혀 다르니 주의하세요. 상대방의 말을 이해한다는 것은 "당신에게는 그렇군요." 하고 단순하게 의미를 이해하는 것입니다. '온천 탁구'를 떠올려보세요. 상대가 쳐서 보낸 공은 정말 가볍습니다.

한편, '곧이곧대로 받아들인다'는 것은 "이것 봐라!" 하고 정색하거나, "뭐야, 그런 거야? 내 책임인가?" 하고 상대의 말을 받아 그다음에 올 것을 생각하게 되는 일입니다.

들은 말을 '정말 그럴지도.'라고 생각하게 됩니다. 그래서 정곡을 찔렸다고 생각해 발끈하기도 하고, '그렇게 생각하고 있었구나.' 싶어 충격을 받기도 합니다.

"이 정도도 못 하는 거야?"라는 말에 '그건 그렇지.'라고 생각합니다. "할 줄 알게 되면 그때 말해." '그건 그래.' "실망했어." '그건 그래.' "하여튼 너는 항상…" '그건 그래.' ….

어느샌가 방어만 하고 있습니다. 은근슬쩍 문제가 바뀌었습니다. 시키는 대로 하다 보면 마지막에는 "맞는 말씀입니다. 죄송합니다."라고 말할 수밖에 없게 됩니다. 그렇게 해서는 이길 수 없습니다!

그렇다면 왜 '곧이곧대로 받아들이게' 되는 걸까요? 그 이유를 대충 정리해봅시다.

① 너무 '좋은 사람'이 되려고 한다

이것이 가장 큰 이유입니다. 상대의 마음에 들고 싶고, 호감을 사고 싶고, 칭찬받고 싶다고 생각합니다.

'이익을 위해서인지, 인정 욕구 때문인지, 착한 아이로 있고 싶은 것인지…' 이쪽도 자신의 편의에 따른 전개와 기대, 즉 망상 영역을 완전히 열고 있습니다.

그래서 상대방의 말에 타격을 받습니다. 가슴에 박힙니다. 뼈에 사무칩니다.

좋은 사람이 되고자 하는 바람이 과도하면, 동시에 아무말도 못 하는 사람이 됩니다. 언제나 생글생글 웃고, 요구에 부응하려고 애를 씁니다. 심지어 먼저 나서서 해주려고까지 합니다. 그러고는 상대가 기뻐하는지 어떤지 항상 기분이나 눈치를 살핍니다. 마치 주인님(상대)을 모시는 하인(나) 같습니다.

② 기대가 너무 강하다

기대나 바람이 강하면 이를 이루고자 하는 마음 때문에 지나치게 상대에게 맞추려고 합니다. 그러다 보니 '당신 생각해서'라는 말을 들으면 쉽게 속고 맙니다.

극단적이긴 하지만, 말만 청산유수인 나쁜 남자에게 빠지는 여성이나, 결혼 사기나 사이비 종교에 빠지는 사람들이 여기에 해당합니다. 기대가 너무 강하기에 곧이곧대로 받아들이는 것입니다.

③ 자존심이 너무 세다

흥미로운 사실은 자존심이 센 사람도 상대방의 말을 곧이곧대로 받아들인다는 것입니다.

이런 사람들은 "다들 그렇게 말해."라는 말을 들으면 정색을 하며 "그 다들이 누군데요?"라고 대꾸합니다. 또 "이런 것도 몰라?" 하고 누가 비웃으면 "알아요, 그건." 하면서 진지하게 대답하거나, 반대로 모르는 자신이 부끄러워서 아무 말도 못 하게 되는 패턴을 보입니다.

④ 겁먹는 버릇이 있다

어떤 사람에게는 사람들 앞에서 긴장하거나 겁을 먹는 버릇이 있습니다. 부모가 엄격하거나 과거에 다른 사람에게 상처받았던 기억이 결생하여 같은 반응이 반복되는 것입니다.

나중에 다시 거론하겠지만, '이것은 과거에 새겨진 마음의 버릇이야. 지금은 상관없어. 지금은 괜찮아.' 하고 자신에게 타이르듯 말하다 보면 차차 해결됩니다.

최강의 적은 '만(慢)을 가진 사람'

_____

가장 힘겨운 상대는 '만慢을 가진 사람'입니다.

만慢이란 불교 용어로 오만, 교만, '자신만이 옳다'는 생각을 의미합니다. 만을 가진 사람은 '자신은 절대적이다, 자신은 남들 위에 서 있다, 다른 사람들보다 뛰어나다'라고 생각합니다. 굳건한 인정 욕구와 자신의 편의에 따른 망상 영역을 갑옷처럼 몸에 두르고 있는 최강의 적입니다.

> 그의 마음은 자기만의 생각으로 가득하고, 교만에 사로잡혀 스스로 완전
> 하다고 여기며, 자신이 현자라고 믿는다. 망상에 사로잡힌 마음에는
> 제 생각이야말로 완전하기 때문이다.
>
> - 논쟁에 대하여, 《경집》

이런 사람은 자신을 정당화하는 논리에 뛰어납니다. 워낙 오랜 세월에 걸쳐 자존심을 지키며, 다른 사람을 얕잡아보고, 말로 제압하는 기술을 단련해왔으니 말입니다. 대신 말은 잘하지만 이해력은 떨어집니다. 상황이 불리하면 얼버무리거나, 거짓말을 하거나, 잊어버린 척하거나, 삐쳐서 입을 다물어버립니다.

반론을 당하면 기분이 쉽게 상합니다. 그래서 그 후에도 혼자서 이것저것 생각하며 자신이 옳다는 것을 통감하게 하려고 작전을 몰래 짜는 그런 사람입니다.

한편, 다른 사람의 흠을 찾거나 상대를 아래로 보며 비평하는 것도 이들의 특기입니다. 상대의 약점을 발견하면 "흥!" 하고 코웃음을 치며 자신이 위라는 것을 과시하고 싶어 합니다.

'만'과 논리가 합쳐지면 자신에게 가장 유리한 인격이 완성됩니다. 이런 사람은 상대의 어디를 찌르면 동요할지를 동

물적으로 압니다. 조금이라도 이쪽이 곧이곧대로 받아들이면, 즉 '그건 그래.' '그럴지도.' '일리 있네.'라고 생각하며 틈을 보이면 단번에 다그치기 시작합니다. 기술을 모르는 상냥한 당신은 그런 상대가 의도한 대로 됩니다. 찌르면 흔들립니다. 밀면 넘어집니다. 마지막에는 상대가 "어때, 이제 알겠어?"라고 승리감에 우쭐대며 시합이 종료됩니다(땡땡땡 울리는 종료 벨 소리).

　이것 참, 정말 강적입니다. 인간관계는 힘듭니다. 무한대의 논리를 내세우는 사람, '나만 옳다'라는 갑옷으로 온몸을 두른 맘을 가진 사람, 이렇게 '완전무장' 상태인 상대에게 도대체 어떻게 맞서야 할까요?

　역시 마음의 달인 부처 밑에서 기술을 단련하는 수밖에 없습니다.

'대결' 전에
갖추어야 할 것

모든 일에는 준비가 필요합니다. 힘겨운 상대와 대결을 시작하기 전에 먼저 마음의 태세를 갖추어둡시다. 해야 할 일은 두 가지입니다. '흔들리지 않는 마음'을 단련하는 동시에 상대와 마주하는 방법을 확립하는 것입니다.

우선 흔들리지 않는 마음에 관해서는 이미 사티와 라벨링이라는 이도류(쌍검술)를 손에 넣은 상태입니다. 뒤에 한층 더 파워업하는 기술도 전수하겠습니다. 이제 남은 한 가지는 상대와 마주하는 기술을 강화해두는 것입니다.

앞서 배운 것은 '선을 긋고 상대방의 말을 통해 생각을 이해하는 방법'이었습니다. 앞으로 배울 것은 상대의 '압박'을 어떻게 피할 것인지, 힘겨운 상대에게 어떻게 되받아칠 것인지에 대한 방법입니다. 이건 상급 기술입니다. 우선은 상대의 압박을 피하는 기술부터 익혀봅시다.

'할 수 있는가, 없는가'로 답을 낸다

'압박을 느끼는 상대'란 무엇인가를 요구해오는 사람, 거절하는 데 용기가 필요한 상대를 말합니다. 예를 들어 잔소리가 심한 부모나 일방적으로 명령하는 상사, 필요할 때만 이용하려 드는 지인들처럼, 거절하면 기분 상해 할지도 모른다거나 나중에 안 좋은 소리를 듣거나 자신에 대한 평가를 낮게 줄까 봐 신경이 쓰여 어쩔 수 없이 받아들이게 되는 그런 상대입니다.

그럼 먼저 기본기를 익혀봅시다. 다른 사람이 무언가를 요구했을 때 가장 먼저 해야 할 일은 내 쪽에서 답을 내놓는 것입니다. 무엇에 대한 답일까요? '할 수 있는가, 할 수 없는가?'

상대의 요구에 응할지 말지는 단순하게 할 수 있는지 없는지로 답을 냅니다. 다음 순서에 따라 답을 내보세요.

① 눈을 감는다

역시 여기서부터 시작하겠습니다. 일단 자신의 안과 밖을 분리하는 편이 물음에 집중할 수 있기 때문입니다.

② 두 손을 바라본다

눈을 감은 채 오른손과 왼손을 바라봅니다. 손을 쥐었다 폅니다.

③ '내 손을 사용해서 할 수 있는 일인가?'를 생각한다

이때 현실적으로 생각하세요.

사람은 두 손을 사용해서 할 수 있는 일만 할 수 있습니다. 내 손이 닿지 않는 일은 할 수 없으며 시간에도 한계가 있습니다.

할 수 있는 것은 할 수 있다. 할 수 없는 것은 할 수 없다.

내 손 이외에는 망상에 지나지 않는다! 그렇게 깔끔하게 결론 내도 상관없습니다.

'책임감'도 '죄책감'도 그저 망상일 뿐이다?

———

이때 자신의 망상에 주의해야 합니다. 상대방의 생각을 지레짐작하지 않도록 주의하세요. '거절하면 미움받을지도 모른다'거나 '나중에 욕먹을지도 모른다'와 같은 걱정을 말하는 것입니다. '타인의 생각은 타인의 것이다. 자신의 일에는 자신이 답을 내는 수밖에 없다.'라고 명쾌하게 결론지어봅시다. 그 밖에도 다음과 같은 망상이 있을 수 있습니다.

① 책임감

'내가 실수하면 주변에 폐를 끼친다, 손해가 생긴다.'라는 생각은 사실 망상입니다. '이 손으로 할 수 있는 일'에 집중할 수밖에 없는데, 굳이 '책임'이라는 망상을 부풀려 중압감(화의 일종)을 느끼는 것입니다.

② 죄책감

'더 열심히 해야 해.' '기대에 부응해야 해.'라고 망상함으로써 그에 미치지 못하는 것에 대해서 죄책감을 느끼고 있는 상태입니다. 하지만 할 수 있는 일은 할 수 있고, 할 수 없는 일은 할 수 없는 법입니다. 자신이 할 수 있는 것은 방법을 궁리하는 것까지입니다. '부응하고 싶은 마음은 알겠지만, 그것은 망상 영역이다.' '자신이 할 수 있는 범위 내에서 성실하게 하면 된다.' 이것이 올바른 마음가짐입니다.

(＊ 책임감과 죄책감은 확장되기 쉬운 망상 영역입니다. '내 손으로 할 수 있는 것이 현실이다.'라는 말로 떨쳐내어 버리세요. 자신이 해야 할 일, 할 수 있는 일에 집중하는 것이 최고의 정답입니다.)

③ '하고 싶은지 아닌지'로 답을 내려고 한다

흔히들 하는 또 다른 망상은 바로 '이것은 내가 하고 싶은 것일까?'라고 생각하는 것입니다.

사실 '하고 싶은 일'은 별로 믿을 만한 게 못 됩니다. 여러 가지 생각이 섞여 있기 때문입니다. 칭찬받고 싶은 바람(인정 욕구)이 작용하여 과하게 열심히 하는 것일 수도 있고, '멋진 모습을 보여주자.'라는 허세나, '나라면 할 수 있다.'라는 자기 과신이 섞여 있기도 합니다. 따라서 '하고 싶은지 아닌지'로 답을 내기란 의외로 어렵습니다.

부처의 지혜를 빌리자면, '하고 싶은지'가 아니라 '쾌감을 느끼는지'를 가지고 답을 내놓아야 합니다. '이것을 할 수 있다면 나는 기쁠까?'로 생각합니다.

쾌감을 느낀다면 더 나아가 '무엇을 해야 하는지'도 확인합니다. '달성할 수 있다면 기쁠 것이다→해야 할 일(작업)도 알고 있다.' 이렇게 확인되면 '내 손으로 할 수 있는 일'이라고 분류해도 됩니다. 한편, '해낸다고 해도 쾌감이 없다(마음이 내키지 않는다, 오히려 우울하다).'라고 한다면 하고 싶은 일에 들지 않습니다. '할 수 없는 것'에 넣어주세요.

마지막에는 할 수 있는 일과 할 수 없는 일만 남습니다.

이렇게 해서 최종적으로 답을 냅니다.

'나는 나'를 무너뜨리지 않는다

————

'할 수 있는가, 할 수 없는가?' 그렇게 스스로가 낸 답을 상대방에게 전합니다.

할 수 있다면 어떤 식으로 말해도 괜찮습니다. "알겠습니다." "해보겠습니다." "열심히 하겠습니다."

할 수 없다면 상대방에 따라서는 말하는 데 용기가 필요합니다. 직접 말하기 어렵다면 누군가에게 전해달라고 하거나, 메일이나 편지를 이용하는 방법도 있습니다. '이해시키려고 하는 것까지가 자신의 일'이라고 생각합시다.

직접 말하는 경우에는 발바닥을 의식하고(잊지 마세요!), 마음속과 '두 손'을 바라보며, 자신의 답을 말합니다.

"저는 할 수 없습니다. 이해해주시면 감사하겠습니다."
"지금으로서는 어렵습니다." "이해해주시기 바랍니다."

나중에 또 망상 영역을 넓히지 않도록 주의합니다. '화가 났을지도.' '미움을 샀을지도.' '어떻게 생각했을까?' 이렇게 망상하지 않도록 주의합니다.

타인의 마음은 타인의 것, '쫓아가는 것은 망상 영역, 나는 나를 살 수밖에 없다.'라고 깔끔하게 받아들이세요.

어떤 여성은 끈질기게 종교를 권유하는 친구에게 이렇게 말했다고 합니다.

"미안해, 나는 시간도 돈도 여유가 없어. 이해해달라는 말밖에 할 수 없어."

돌려주는 데 더할 나위 없는 최고의 방법입니다.

그 후로 친구로부터 연락이 뚝 끊겼다고 합니다. '잘못했나?'라는 생각이 들면 그것은 망상 영역입니다.

'어쩔 수 없지. 내가 할 수 있는 일을 하다 보면 또 새로운 만남이 있을 거야.'

이것은 망상이 아닌 진실입니다.

상대방의 '본질'을
꿰뚫어보다

어떤 상대라도
'자신을 축으로' 맞서라

수행 여행이 시작될 때를 떠올려봅시다. 당신은 한 번 호되게 졌습니다. 상대의 오만함이나 무작정 밀어붙이는 힘, 달변이나 서슬 퍼런 기세에 압도당해 저도 모르게 시키는 대로 하고 말았습니다.

되돌아보면 항상 졌습니다. 화가 나는 일이 많았지요. 상대의 말과 행동에 상처받고 굴욕감에 휩싸였으며, 이를 어떻게 풀어야 할지 몰라서 혼자 화를 떠안고 오랜 시간을 웅크린 채 보냈습니다. 많은 화를 안고 살아온 것입니다. 하지만 그런 과거의 나와 지금의 나는 다릅니다. 지금의 당신에게는 부처의 기술이 있기 때문입니다.

이 스테이지에서 우리는 드디어 최강의 적과 싸움에 나섭니다.

'마음의 이도류'를 파워업!

이제부터 힘겨운 상대와 마주할 때는 다음과 같은 태세에 들어가 주세요. 부처에게 배운 '부동심'의 강화 버전입니다. 세 단계를 밟습니다.

① 발바닥 파워를 발동한다

'사티'를 발동합니다. 힘을 주고 자리에 섭니다. 눈을 감고 턱을 당겨 발밑을 바라봅니다. 대지를 힘껏 밟은 발바닥의 감각을 확인합니다. 오른발, 왼발. 단단히 힘껏 밟으세요. 전해지는 대지의 감각이 곧 강한 마음으로 변합니다.

이 '발바닥 파워'는 다양한 상황에서 사용할 수 있습니다. 싫어하는 사람 옆에 있을 때, 긴장되는 큰 무대에 설 때, 강압적인 상사에게 설교를 들을 때, 손님들이 장사진을 쳐서 한참 기다려야 할 때, 유산 싸움을 벌이는 아수라장에 있을 때 등등. **흔들릴 것 같을 때는 발바닥**을 기억하세요.

② 심장 박동을 확인한다

눈을 감은 채 발밑을 보던 시선을 위쪽으로 옮겨 가슴 언저리를 바라봅니다. 심장 박동은 감정의 표현입니다. 술렁이고 있지는 않은지, 초조해하거나 두근거리지는 않는지를 관찰합니다. 그러고 나서 눈을 감은 채 발바닥과 심장 박동을 동시에 보듯이 관찰합니다. 이때 아래를 향한 시선 끝에 있는 발바닥의 감각을 느낍니다. 그와 동시에 위쪽에 있는 심장 박동도 감지합니다. '존재한다'는 것을 알면 됩니다.

③ 눈을 뜬다

발바닥의 감각과 심장 박동을 알아차리면서, 즉 양쪽에 사티를 작용하면서 살짝 고개를 들고 눈을 뜹니다. 눈을 뜬 상태에서도 계속 발바닥의 감각과 심장 박동이 느껴지는지(감지되는지)를 확인하세요. 비유하자면, 학교 축제 때의 장기자랑이나 서커스에서 마지막 포즈를 취하는 느낌입니다.

마음속을 바라보면서 바깥세계를 마주하는 것, 이는 그

유명한 검호 미야모토 무사시가 말한 '관觀의 눈'*과 같습니다. 그는 이렇게 말했습니다.

> 적의 칼은 보이지만 칼 자체는 보지 않는다.
> – 물의 권,《오륜서》

'대지를 느끼고 심장 박동을 알아차리며 그 균형을 유지한 채 눈을 뜨고 귀를 기울여 바깥세상과 대치한다. 들리지만 지나치게 듣지는 않는다. 보이지만 지나치게 보지는 않는다. 하지만 한없이 잘 들리고 잘 보인다.' 이래서 순식간에 움직일 수 있는 것입니다.

과거의 나약했던 자신을 돌아보세요. '얼마나 지나치게 보고, 지나치게 들으면서, 기술도 없이 온 힘을 다해 부딪쳤던가? 어쩌다 망상 영역을 완전히 열어둔 채로 인정 욕구를 풀 파워로 가동했던가?' 이러니 상대의 기술에 타격을 받는 것도 당연합니다. 하지만 이제 더는 상대의 뜻대로 하게 두지 않습니다. 발바닥 파워 발동! '자신의 마음을 바라보

---

* 관觀의 눈: 움직이는 적의 칼을 직시하는 '견見의 눈'과 달리 전체 상황을 내려다보는 관점을 말한다.

면서 냉정하게 상대를 응시한다!' 마치 주인공이 '각성'하는 것처럼 말입니다(멋진 포즈 딱!).

다른 사람의 말은 '결국 과거'

여기서부터가 진짜 싸움, 아니 대화의 시작입니다.

'안을 바라보면서 밖을 본다.' 이 마음가짐을 유지합니다. 실제로 상대와 대면해서도 대지를 단단히 밟고 마음속에 다 마음을 그대로 두고 '두 가지를 느끼면서 눈을 뜨는' 것을 목표로 합니다.

'남은 마음'으로는 상대방을 보면서 그 사람의 말을 듣는 정도로만 마주하는 것이 이상적인 방법입니다. 이때 나오는 말이 '당신이 하는 말은 알겠습니다.'입니다.

물론 바로 되는 것은 아닙니다. 꾸준히 시간을 들여 단련해야 합니다. 분명 당신은 강해질 것입니다.

힘겨운 상대일 때도 마찬가지로 봐야 할 순서는 말, 행동, 그리고 생각입니다.

상대방의 행동에 대해서는 더 이상 두려워할 필요가 없습니다. 서슬 퍼런 기세로 압박해오거나 몸집이 크거나 하면 겁을 먹게 되지만, 접촉하지 않는 이상은 아무런 힘이 없습니다. 만약 물리적으로 접촉해온다면 경찰이나 행정 기관에 연락하면 그만입니다.

그러지 않는 한 상대방의 모습은 바라보기만 하면 될 뿐입니다. '발바닥 파워'가 그것을 가능하게 합니다.

앞으로 당신이 해야 할 일은 다음과 같은 세 가지뿐입니다.
① 자신이 낸 대답(생각)을 말한다(이해시키려고 한다).
② 상대방의 말을 통해 그 생각을 살펴본다.
③ 판별한 후에는 그런 상대와 어떤 관계로 지낼지 답을 낸다.

그런데 이런 과정을 방해라도 하듯 상대방의 말(반박이나 감정 섞인 말)이 치고 들어옵니다. 이런 말을 '무력화하는 기술'을 알아봅시다.

1. 상대방의 말은 그저 소리라고 생각한다

사람의 말은 소리에 불과하다는 것이 핵심입니다. 공기의 진동일 뿐입니다. '아, 산들바람이 부는구나.' 정도로 여기면 됩니다. '기본적으로 소리일 뿐이구나. 그 소리의 의미를 이해하면 될 뿐이구나.'라는 말입니다.

> 비난의 말을 들으면 이렇게 생각하라.
> '그 사람이 내는 소리와 내 귀의 고막이 닿아 화가 생겼다.
> 이 화는 서로 닿아 일어난 현상일 뿐 오래가지 못한다.'
> 그러니 신경 쓸 정도의 일은 아니다.
> - 장로 사리불의 말, 《상적유경 중부》

2. 감정에 사로잡혀 말하지 않는다

말을 주고받다 보면 자신도 감정적으로 되기 쉽습니다. 하지만 대화의 목적은 자신의 대답을 전하는 것, 그리고 상대의 생각을 확인하는 것입니다. 따라서 감정으로 응수하지 말아야 합니다. 상대방의 말은 뜻만 알면 됩니다. "무슨 말씀인지는 압니다."라든가, "저에게는 이러이러합니다."라는 식으로 이미 배운 기술(온천 탁구)을 구사하여 침착하게 돌려줍니다.

> 역풍에 티끌을 던지면 자신이 티끌을 받는다.
> 화의 말을 던지면 화가 깃드는 것은 나의 마음이다.
> - 악(가치 없는 것)에 대하여, 《출요경》

3. "어머머!" "맙소사!" 하고 중얼거려본다

조금 색다른 기술인데, 아수라장에 휩쓸리지 않도록 제가 제안하는 방법입니다.

'어머머, 맙소사, 흠, 그렇구나' 같은 감탄사로 한 박자 정도 시간을 두고서 '자, 이제 어떻게 한다?' 하고 가슴속으로 냉정하게 생각합니다.

개성이 강한 상대에게는
'오히려 깊게 베어 들어간다'

이렇게 상대의 지나친 말을 피하면서 본래의 목적으로 조금씩 다가갑니다.

인간관계의 본래 목적이란 서로를 이해하는 것입니다. 상대의 생각을 이해하면서 자신의 생각도 이해받는 것입니다. 이것은 어느 누구와의 관계에서도 마찬가지입니다. 아무리 성가신 상대라도 자신의 생각을 이해받는 것이 올바른 방향성입니다.

그렇다면 자연스럽게 드는 의문이 있습니다. **'이 사람은 이해해줄 수 있는 사람일까?'**라는 생각입니다.

이 단계에 가면 그 사람의 말도, 행동도, 표정도, 말투도 모두 '이 사람이 이해해줄 수 있는 사람인지'를 판단하는 단서로 사용하게 됩니다. 일일이 곧이곧대로 받아들일 필요도, 하나하나 반박할 필요도 없습니다.

억지는 이 한마디로 일도양단

물론 상대는 지금까지와 마찬가지로 다양한 말을 구사하며 되받아칠 것입니다.

자신의 자존심, 논리, 오기, 감정 등 '완전한 자신(이라는 망상)'을 온 힘을 다해 지키려고 듭니다. 이때 펼치는 기술이 여러 교묘한 말들입니다. 밀어붙이기, 올려찍기, 얼버무리기, 보복하기, 위해서 내려치기….

과거에 당신이 곧이곧대로 받아들이는 바람에 매번 졌던 바로 그 논리입니다. 여기가 중요한 국면입니다. '인간관계 공략법' 같은 책이라면, 해당 기술에 따르는 대책을 가르쳐줄지도 모릅니다. 하지만 수가 늘어날수록 사용하기만 불편해집니다.

문제의 본질을 파악하고 잘 연마한 기술로 되받아치는

것이 부처의 기술이 가진 진면목입니다.

다양한 말을 구사하는 상대에게 다음 기술을 사용하세요. 어떠한 논리도 다음 한마디면 '무無'로 만들 수 있습니다.

"그것과 이것은 별개예요."

완벽합니다. 논리적으로 정확하게 그것과 이것은 별개이기 때문입니다. 그리고 이렇게 돌려줍니다.

"그건 그거고, 이건 이거예요. 제가 하고 싶은 말은 이거예요."

"저에게는 이러이러합니다. 이해해주시면 감사하겠습니다."

이미 '내가 내놓은 답'이 있을 터입니다. '사실, 감정, 바람 혹은 할 수 있는가 없는가, 나도 생각하는 바가 있다.' 같은 것들을 이해받을 수 있는지가 문제입니다. 상대방이 무슨 말로 되받든 상관없습니다.

'자신의 생각이 전해지는가?' 이것만을 응시합니다.

이렇게 상대를 바라보고 있으면 그 마음의 움직임이 잘 보이게 됩니다.

'어! 이 사람, 또 얼버무렸어.' '이렇게 자신에게 불리한 일

에서 도망치는구나.' '전혀 의욕이 없구나.' '결국 자존심을 지키고 싶었을 뿐이네.'

마지막으로 사용할 기술은 다음과 같은 한 수입니다.

"결국 당신은 무엇이 하고 싶은가요?"

이것이 결정적인 질문입니다. 결국 그 사람은 무엇을 원하는가? 그 마음속에 무엇을 보고 있는가? "당신은 어떻게 하고 싶은가요?"라고 직접 물어도 상관없습니다.

그리고 상대방의 눈과 표정을 봅니다. 말을 기다립니다. 여기까지 오면 상대의 생각을 확인하는 최종 단계에 돌입합니다.

말과 본심의 '링크'를 꿰뚫어보라

상대방의 생각을 꿰뚫어본다는 것은 '이 사람은 어떤 인간일까?' 하고 묻는 것입니다. 불교의 관점에서 말하면, '이 사람의 마음속에 어떤 생각이 있을까?'라는 것이지요.

앞서 이야기했듯이 **상대방의 생각은 그 말과 행동을 통**

해서 솔직하게 이해하는 것이 기본입니다. 이때 쓸 수 있는 기술 두 가지를 소개하겠습니다.

1. 말과 생각의 링크를 찾는다

말과 생각은 높은 확률로 연결되어 있습니다. 아무리 다른 말로 속이려고 해도 하나의 말에는 그 근원이 되는 한 가지 생각이 반드시 존재합니다.

따라서 말과 생각의 링크(연관성)를 찾는다는 생각으로 관찰해야 합니다.

'이 말은 어떤 생각에서 나온 것일까?'라는 관점에서 묻는다.

'이런 생각이 있다면 이런 식으로 말하겠지.' 상대의 생각을 가정하면서 말을 듣는다.

이처럼 생각과 말의 링크(논리적 연결)를 확인해가야 합니다.

•말과 생각의 링크 모음

말과 생각이 연결되어 있는 예를 소개하겠습니다.

여기서 예로 드는 것은 관계를 맺을 때 주의가 필요한 것으로, 꿰뚫어보지 않으면 휘둘릴 수 있는 상대에 관한 것입니다. '저런 생각이 있으니 저런 말이 나온다'는 전형적인 예를 들어보겠습니다.

- 자신이 다른 사람보다 뛰어나다고 생각하는 사람(과도한 자신감, 우월감을 가진 사람)은 함부로 다른 사람을 비판하거나, 다른 사람의 약점이나 잘못에 대해 왈가왈부합니다. 자신이 가진 것(돈이나 지식)을 함부로 과시합니다.

- 자신만 좋으면 된다고 생각하는 사람은 얼마나 손해인지 이익인지로 이야기합니다. 자신에게 불리하거나 이익에 반하는 상대는 인정사정없이 비판하거나 매도합니다.

- 진심(의욕)이 없는 사람은 다른 사람의 의욕이나 노력에 찬물을 끼얹거나 비웃습니다. "어차피 해봤자 소용없어." 이런 방관자 같은 말만 할 뿐 정작 본인은 행동하지 않습니다.

- 다른 사람으로부터 뭔가를 빼앗거나 누군가를 이용하려는 사람은 상대를 부추기고 초조하게 만드는 말을 구사합니다. "지금밖에 없어." "이것밖에 없어." "때를 놓치게 된다고." 같은 말을 사용합니다.

- 다른 사람을 만만하게 보는(우습게 보는) 사람은 '이 정도 해도 눈치채지 못할 거야. 허락하겠지.'라고 대수롭지 않게 여기며 대충대충 하고 싶어 합니다.

- 증오를 숨기고 있는 사람은 "다 사라져버렸으면 좋겠어." "힘이 없는 인간은 살 자격이 없어." "얼른 패배를 인정해." 같은 말을 합니다.
- 다른 사람을 자기 뜻대로 움직이고 싶어 하는 사람('만'을 가진 사람)은 그럴듯한 정론을 내세우며 다른 사람에게 희생을 강요합니다. "이게 규칙이라고." "다른 사람들을 위해서." "목숨이 소중하다면 참아라." "희생도 어쩔 수 없어." 같은 말입니다.

이런 생각과 말의 링크가 보이면 그 사람이 왜 그런 말을 하는지, 다음에 무슨 말을 할지를 상당히 정확하게 예측할 수 있게 됩니다. '어떤 사람인지 보인다'는 말입니다.

2. 실제로 무엇을 하고 있는지를 본다

말과 더불어 행동도 그 사람의 생각과 링크되어 있습니다. 실제로 무엇을 하고 있는지를 보면 그 사람의 생각(진심)이 보입니다.

쉬운 예를 하나 들면, "일하고 싶어."라고 말하면서 놀고 있다면 '일하고 싶지 않구나.'라고 알 수 있습니다. 떠나가는 사람에게 오히려 "배신당했어." "갚아줄 거야." 하고 원망 섞인 말을 하는 사람이라면 어떤 이익을 노리고 있는 게 분명합니다.

'행동을 보면 그 사람의 생각, 더 나아가 본성이 보인다.' 이것은 사회에서도 마찬가지입니다. "당신을 구원합니다."라고 말하는 종교가 과도한 헌금을 요구한다거나 그만두려는 사람에게 협박을 한다면 '탐욕덩어리, 즉 자신의 이익만 생각한다.'라는 것을 알 수 있습니다. "책임지겠노라." 하고 우기던 정치인이 사과도 없이 딱 잡아떼는 걸 보면 국민을 완전 우습게 보고 있다는 사실을 알 수 있습니다.

일을 할 때도 실제로 무엇을 하고 있는지를 보면 직함에 어울리는 사람인지, 즉 진짜인지를 알 수 있습니다. '기업이라면 광고한 대로 상품을 만든다. 작가라면 작품을 쓴다. 은행이라면 돈을 순환시킨다. 의사라면 실제로 사람을 진찰하고 고통을 덜어준다. 학자라면 가치 있는 연구 성과를 저술이나 논문으로 발표한다.' 그리고 이것이 본래의 모습입니다.

사람으로서 당연한 모습은 행동과 말과 생각이 일치하는 (거짓이 없는) 것입니다.

본래의 일이란, 실제 실적과 성과가 직함과 일치하는 것입니다.

　이것이 어긋나면 본래의 모습에서 멀어집니다. 거짓이 섞이게 됩니다.

　이 세상이 위태로운 것은 사람의 본질, 즉 생각을 꿰뚫어 보지 못한 채 가식적인 말이나 행동을 믿어버리기 때문입니다. '본인이 숨기고 있는 생각'이 결과적으로는 그 영향력을 더 키웁니다. 욕망, 오만, 적대감, 허영, 무책임 등 여러 면에서 부정적인 영향을 미칩니다.

　개인에게도 사회에도 사람의 본질을 판별하는 것은 중요한 의미가 있습니다. 따라서 다른 사람의 생각을 꿰뚫어보는 기술이 필수적입니다.

　말과 행동의 양 측면에서 '상대의 마음속에 있는 것'을 파악해 나갑니다.

자신이 하는 망상에 주의한다

　무엇보다 다른 사람의 생각을 판별한다는 것이 말은 쉽지만 실제로는 어려운 일입니다.

가장 큰 이유는 자신에게도 망상이 있기 때문입니다.

이번에는 자신의 링크를 언어화해 봅시다. '이런 생각이 있으면 다른 사람의 가식적인 말이나 행동에 걸려든다.'라고 주의하고 싶은 사례들입니다.

걸려들기 쉬운 패턴의 예

- 다른 사람보다 우월하기를 바라는 욕심이 있으면 다른 사람을 업신여기고 자신의 가치를 과시하는 인물에게 매력(자신도 그렇게 되고 싶다는 동경)을 느낍니다.

- 현실에서 벗어나기를 바라다보면 도와줄 것처럼 말하는 사람에게 끌립니다.

- 증오나 파괴 충동이 있으면 파괴나 분열, 증오를 부추기는 인물에게 공감합니다.

- 망상하는 데 익숙해지면 다른 사람이 말하는 '그럴듯한 말'을 '그럴지도 모른다'고 쉽게 믿어버립니다.

- 자신의 마음속에 학력, 경력, 권위 등에 대한 동경이 있으면 다른 사람이 가진 '대단한 직함'을 바로 신뢰하게 됩니다.

- '손쉽게 좋은 결과를 내고 싶다'는 생각(게으름)이 있으면, '쉽게 성과를 거둘 수 있다'는 선전 문구에 걸려듭니다.

상대의 생각을 확인하기 전에 자신의 바람(망상)을 먼저 본다는 것입니다. 대부분 이런 식으로 속습니다. 상대는 다른 생각, 이를테면 인간적인 동기(속셈)를 숨기고 있는데, 그것도 모르고 가식적인 모습에 달려들고 맙니다.

그렇기에 결국은 스스로가 망상에서 졸업하지 않으면 안 된다는 말입니다.

한마디 덧붙이자면, 여기서 든 예는 어디까지나 '–일지도 모른다'는 가설입니다. '오, 그렇구나.' '분명 그럴 거야.'라고 생각해버리면 오히려 위험한 망상으로 변하게 되므로 주의하세요.

이런 기술은 어떤 관계로 지낼지 아직 확실하지 않은 상대를 대할 때 쓰는 것입니다. 자기 나름대로 상대의 생각을 꿰뚫어보고 나서 어떤 관계로 지낼지 답을 낼 수 있게 되면 목적을 달성한 셈입니다.

마지막 문제는 '상대와 어느 정도의 관계로 지낼 것인가'

말과 행동을 통해서 꿰뚫어보는 것은 상대의 생각입니다. 그 사람의 생각을 알면 '이 사람은 이해하는 사람, 즉 말이 통하는 사람일까?'라는 문제에도 답이 나옵니다.

통하는 사람, 이해해줄 가능성이 있는 사람이라면 좋은 관계로 지낼 수 있습니다. '말이 통한다, 이해하려고 노력해준다.' 이런 상대라면 희망을 걸고 좋은 관계로 지내는 것이 가능합니다.

하지만 이해하지 못하는 사람도 있습니다. '들으려고 하지 않는다, 말을 해도 통하지 않는다, 자신의 사정과 속셈으

로 머릿속이 가득하다, 자신이 옳다고 믿어 의심치 않는다.'

이런 사람임을 알게 되었다면 다음 문제로 넘어갑시다.

즉 '이해하지 못하는(전해지지 않는) 상대와 어느 정도의 관계로 지낼 것인가?'라는 문제입니다.

'세 가지 잣대'로 끝장내자

이해하지 못하는(말이 통하지 않는) 상대와 어느 정도의 관계로 지낼 것인가? 다음 세 가지를 기준으로 답을 내면 됩니다.

① 무엇을 위해서(목적)

관계의 목적을 명확하게 합니다. 수입을 위해, 생활을 위해, 가족을 위해, 경험(경력)을 쌓기 위해 등. '이런 목적을 위해 이 사람과 관계를 유지하고 있다, 이 자리에 있다.'라고 확인하세요.

② 언제까지(기한)

언제까지 관계를 유지할지 기한을 생각합니다. '계속 관계를 유지한다.'라는 선택을 할 수도 있고, '올해까지' '앞으로 3년' '다음 일을 찾을 때까지' '아이가 졸업할 때까지'처럼 기한을 정해도 됩니다.

③ 어느 정도(거리)

얼마나 가까이 지낼 것인지(물리적 거리), 얼마나 자주 만날 것인지(시간적 거리), 어떤 방법으로 관계를 유지할 것인지(직접 만날 것인지, 전화나 메일로만 연락할 것인지 등)를 생각합니다.

몇 가지 주의할 점이 있습니다. ① **'무엇을 위해서(목적)' 는 합리적이면서도 자기 위주(좋은 의미에서)로 생각하세요.** '스트레스는 받아도 수입은 좋다'거나 '사이가 식어버린 부부지만 아이를 위해, 생활을 위해 타협하는' 것 또한 좋은 목적입니다. 자신이 납득할 수 있으면 됩니다. "어쩔 수 없어. 그만큼 가치 있는 것을 얻고 있으니까." 하고 깔끔하게 받아들일 수 있는 이유를 찾으세요.

② **'언제까지(기한)'는 늘리거나 줄일 수 있습니다.** 스트레스를 너무 많이 받으면 '내일 여기서 나가겠어!' '일을 그만두겠어!'라는 선택지도 있고, 다소 감정이 가라앉아 '조금

만 더 상황을 지켜보자.' '올해까지는 참자.'라고 해도 괜찮습니다. 그런 의미에서 '결생하지 않도록 하는 기술(스테이지 2)'이 중요해집니다.

머릿속으로 기한계를 그리는 방법도 있습니다. 자동차 속도계 같은 이미지를 떠올리고는 스트레스를 받는 정도에 따라 '아직 갈 수 있어.'부터 '큰일 났네, 슬슬 한계야.'까지 계측기의 바늘이 어디를 가리키고 있는지 상황을 보면서 지냅니다. 바늘이 끝까지 가면 '진심으로 종료'입니다.

더불어 기한에는 다음을 위한 준비 기간도 포함됩니다. '관계를 끝내기'로 선택한 후에 '다음 준비를 시작'합니다. '아이가 졸업할 때까지' '다음 직장을 구할 때까지' 등 기한을 정해서 그사이에 정보를 모으고, 저축하고, 공부하고, 일자리를 찾습니다.

③ '어느 정도의 관계로 지낼지(거리)'도 조정 가능합니다. '일단 떠난다(물리적 거리두기)'도 정답이고, '일단 일주일은 연락하지 말자(시간적 거리두기)'도 괜찮습니다. 가족이라면 상황에 따라서는 화가 났음을 전하기 위해 '사흘 동안 말을 섞지 않는다.'가 유용할지도 모릅니다. 납득할 수 있는 거리를 그때그때 상황에 따라 선택하세요.

인간관계에서 이상적인 거리는 '반응하지 않고 있을 수

있는 거리'입니다. 친한 친구나 가족도 무반응(중립)으로 있을 수 있기에 사이가 좋은 것입니다. 따라서 중립이 될 수 있는 거리를 생각하세요. 함께 있는 시간을 줄인다든지, 적당히 떨어져 산다든지, 본가에 가는 횟수를 줄인다든지, 휴대전화를 끄는 등 거리두기를 더 긍정적으로 생각합시다.

필살기 '관계를 끊다'

———

　마지막에 가서는 '관계를 끊는다'라는 선택지도 있을 수 있습니다.

　'관계를 유지하는 것이 괴롭고, 힘들고, 한계에 다다랐다.' '말해도 전해지지 않는다.' '이 사람은 이해할 만한 사람이 아니다.'라고 생각될 때는 관계를 끊는 것도 가능합니다.

　애초에 관계를 꼭 유지해야만 하는 관계는 존재하지 않습니다. 나라와 나라처럼 지리적으로 떨어질 수 없는 관계도 있지만, 사람과 사람은 떨어지는 게 가능합니다. 부모와 자녀, 부부, 생활이 걸려 있는 직장이라도 마찬가지입니다.

　'아무리 그래도 너무 냉정한 거 아닐까?' 이렇게 생각할 수도 있지만, 지금 우리는 '이대로 가면 화가 계속될 것이다.'

라는 부자연스러운 관계에 대해서 생각해보고 있습니다.

화가 난다. 원인을 나눈다. 상대가 원인이라는 사실을 알게 되었다. 용기를 내서 말한다. 그 생각을 확인한다. '이해하는 상대가 아니'라는 사실이 드러나면 목적, 기한, 거리의 세 가지로 마음을 정리한다. 그리고 이렇게 말하게 됩니다.

"더는 관계를 유지할 수 없어요. 이해해주세요." 이것이 마지막 답입니다.

무리해서 관계를 유지하는 것보다 더 중요한 것

'기술을 사용한다'는 것은 슬픈 일입니다. 사실은 그렇게까지 하지 않고, 서로를 인정하고 알아가면서 사이좋게 지내고 싶습니다.

그러나 세상에는 그대로 두면 화와 고통이 이어지는 관계가 무수히 존재합니다.

사람에 따라서는 대책 없는 화를 품고 있다가 깊게 상처를 입고 거의 절망적인 상황에까지 내몰리기도 합니다. 그런 사람이 희망을 발견하려면 역시 기술(멘탈 아츠 – 제대로 화내는 기법)이 필요해집니다.

한편, 사람에 따라서는 집착, 그러니까 '사랑받고 싶다, 잃고 싶지 않다'는 생각이 방해를 해서 답을 내지 못할 수도 있습니다. 그런 사람은 이 책의 모든 기법을 익힌 후에도 한동안은 시간을 두고 생각해봐야 합니다.

중요한 것은 화 때문에 인생을 끝내지 않는 것입니다. 화를 품은 채 죽기에는 우리 인생이 너무 아깝습니다. 나중에 '더 나은 삶이 있었을지도 모른다'고 돌아보는 것 역시 당신의 삶이 아닙니다.

모든 화를 내려놓고 평온함을 되찾는다.

이것이 인생의 최종 목표입니다.

불교식 싸움 열전
'이런 상대에게는 지지 말라'

여기까지 읽은 소감이 어떤가요? '이렇게까지 직설적인 이야기를 듣게 될 줄이야.' 하고 놀란 사람도 있을 것 같습니다. 하지만 냉정하게 되짚어보면 지금까지 소개한 기술들은 모두 화를 넘어서서 평온함에 도달하기 위해서는 꼭 가야 할 길이었다는 사실을 알 수 있을 것입니다.

무리하게 상대를 감싸거나 화를 억누른다고 한들 괴로운 현실은 변하지 않습니다.

'내 인생에 평온함을 되찾는다.' 이것만을 바라보며 '그렇다면 어떻게 하면 좋을까?'라는 질문에 대해 기술과 방법을 보여준다. 이것이 부처의 방식입니다.

많은 사람이 부처의 지혜를 접하고 나서 오랜 스트레스에 마침표를 찍었습니다. 다음으로 그런 사람들의 에피소드를 소개하고자 합니다(때앵! 경기 시작을 알리는 벨 소리).

싸움 열전 1

오십이 넘은 한 여성은 너무나도 제멋대로 구는 어머니를 돌보느라 결혼 기회도 놓친 채 즐거운 일 하나 없는 긴 세월을 보내왔습니다. '내가 없으면 엄마가 곤란할 테니까.'라고 스스로를 타이르면서 말이죠.

어느 날 불교를 만나 아무리 부모 자식 관계라 하더라도 자신이 꼭 부모를 위해 희생할 필요는 없다는 것을 알게 되었습니다. 부모의 집요한 연락에 대해서 "휴대전화 번호를 바꾸면 되잖아요."라고 말하는 사람도 있었습니다.

내 부모가 자식이 기대(망상)하는 만큼 제대로 된 사람이라는 보장은 없습니다. 세상에는 자식의 인생을 탕진하면서도 아무렇지 않은 부모가 의외로 많습니다. 어느샌가 체결하게 된 '부모와 자녀 사이의 불평등 조약'은 파기해도 됩니다. 아니, 이미 그 기한은 만료되었습니다.

여성은 그날 바로 "한동안 연락 못 해요."라는 문자를 보내고서 휴대전화를 해지했습니다.

"이렇게 마음이 가벼워지다니, 놀라워요!" 그녀는 나중에 이렇게 말했습니다.

그래도 조금은 걱정하거나 반성하는 모습을 보일 줄 알았는데, 어머니는 전혀 동요하지 않았다고 덧붙였습니다. 여성은 말했습니다.

"이상하게 납득이 되더라고요. 저 혼자서만 헛된 노력을 했던 모양이에요."

싸움 열전 2

한 사십대 남성은 지금도 여전히 절대적인 권력자로 군림하는 아버지에게 눌려 지내고 있었습니다. 아버지의 요구대로 부모님 댁 근처에 집을 짓고 아버지가 허락하는 직업을 가졌습니다.

"요즘 사는 게 힘들어요."

그가 말한 첫마디였습니다.

인생은 부모로부터 자립하지 않으면 아무 소용이 없습니다. 부모의 정신적 지배에서 언젠가는 벗어나야 합니다. 조금은 특이한 내치기 기술(부모 이름 막 부르기 또는 '○○야.'라고 부르기)을 권했습니다.

그도 그럴 것이 남성은 아직까지도 아버지를 '아빠'라고 부르고 있었습니다. 물러터져도 이리 물러터질 수가 있나 싶었습니다. 이름을 막 불러서 심리적으로 내쳐야 한다고 생각했습니다. 이렇게요.

"어이, ○○○."

"어떻게 그래요."

남성은 이렇게 말하며 떨고 있었지만, 몰래 한번 시도해보더니 인상이 조금 달라졌습니다. 점차 심리적으로 거리를 두게되었고, 마지막에는 이사를 가기로 했습니다.

상당히 용기가 필요한 결단이었지만, 날이 갈수록 성격이 온화해졌습니다.

"지금은 아내와 아이를 다정하게 마주할 수 있어요. 집에 있는 게 즐거워요."

이런 말을 하게 되었습니다. 해피엔딩입니다.

싸움 열전 3

이 여성은 불성실한 남편에게 시달려왔습니다. 본인도 의과대학 학생이었지만, 본의 아니게 결혼을 강요당한 이후로 인생의 시간이 멈춰버렸습니다.

자택에서 혼자 육아를 도맡은 채 나이만 먹어갔습니다. 신진 대사도 떨어졌습니다. 아직 삼십대 후반인데도 비만과 요통 때문에 걷는 데도 문제가 생겼습니다.

의사가 된 남편은 하고 싶은 대로 합니다. 병원을 운영하는데, 다른 집에 애인을 두고 주말에만 들어옵니다. 여성에게 냉담하게 대하며 자녀의 학비조차 주기를 꺼리는 염치없는 사람입니다.

"사람 취급을 못 받는 것처럼 들리는데요?"라고 말하자, "그런 느낌이에요."라며 힘없이 웃습니다. 그래놓고는 기묘한 말을 늘어놓습니다. "남편은 사실 착한 사람이에요." "아이를 얻은 것에는 감사하고 있어요." "아이가 독립하면 저도 앞으로 나아갈 수 있지 않을까요?"

부처의 기술을 쓰면 이 말이 진실이 아님을 알 수 있습니다. 이 여성은 격렬한 화를 품고 있습니다. "왜 이런 삶이 되어버렸을까요?" 그녀가 했던 말입니다.

지금이야말로 기술을 발휘할 때입니다. 여성이 가진 화는 분명히 '상대 발신 화'입니다.

'자신의 인생을 빼앗고, 사람을 완전히 얕잡아보고, 이제는 아이의 인생까지 망쳐도 상관없다고 생각한다.' 그렇다면 돌려줘야 합니다. "내 고통을 알아?" 하고 말입니다.

여성이 말하는 논리는 거짓입니다. "착한 사람"은 완벽한 거짓말입니다. 애초에 착한 사람은 다른 사람의 인생을 빼앗지 않습니다. '사랑받고 싶은 바람'을 버리지 못해 남자를 감싸고 있을 뿐입니다.

"아이를 얻은 것에는 감사?" 아니요, 그것과 이것은 별개입니다. 화는 화, 아이는 아이, 남편에 대한 화와는 관계없어요.

"아이가 독립하면?" 언뜻 보면 부모의 마음으로 하는 소리처럼 들리지만, 진심은 현실도피를 하며 책임을 떠넘기는 것입니다. 이렇게 말하면 아들은 '엄마가 괴로워한 것은 내 탓이다.'라고 생각할 수밖에 없게 됩니다. "저도 이제 나이가 많고요." 그래서 정말 체념할 수 있다고 생각하나요? 화로 가득한 일상이 죽을 때까지 계속될지도 모르는데?

마음에 거짓말을 할 수는 없는 법입니다. 화가 있는 것입니다. 마음이 전해지지 않는다면 그런 인간과 언제까지 관계를 유지할 것인지 답을 내야 합니다. 계속 유지할 것인가, 잘라낼 것인가?

저는 말했습니다. "말하지 않으면 아무 소용 없어요. 하지만 그 남자는 당신을 완전히 얕보고 있으니 전혀 전해지지 않을지도 모르죠. 만약 그렇다면 마음을 정하세요. 위자료를 받고 일을 찾아서 자신의 인생을 시작하세요."

"그 후 여성은 이혼을 결심했고 지금은 행복하게 살고 있습니다."라고 전하고 싶지만, 현실은 그리 호락호락하지 않았습니다.

여성은 결혼생활을 계속 유지했습니다. 비만으로 인해 휠체어 생활을 하게 되었고, 장기에 질환이 생겼고, 정신과에서 조현병 진단도 받았습니다. 아이는 입시를 단념하고 어머니와 단둘이서 아버지 명의의 아파트에서 조용히 살고 있다고 합니다.

'어쩔 수 없다.'라고 해야 할까요? 이것도 하나의 인생이라고? 그것은 옳지 않습니다. 아직 기술을 사용하지 않았기 때문이고, 화를 넘어서지 않았기 때문입니다.

마지막에 화를 넘어서서 '이러면 됐어.'라고 납득이 된다면 그것도 하나의 인생입니다. 그러나 이렇게까지 일방적으로 인생을 빼앗기고 불합리한 대우를 견디는 삶 속에서 납득하고 마무리되는 일은 안타깝게 한 번도 없었습니다.

인생은 고통으로 끝나서는 안 됩니다. 평온함을 되찾기 위해 살아가는 것입니다.

그렇다면 화를 내세요. 화내야 합니다.

격렬한 화의 이유가 상대에게 있다면 당당하게 싸울 뿐입니다(분개!).

스테이지7

불합리한 세상에
맞서다

이해해주지 않는 타인에게
둘러싸여 있을 때는

지금까지는 1대1인 상황에서 제대로 화내는 기법을 정리해보았습니다. 여기서부터는 1대 다수, 그러니까 여러 사람을 상대하는 경우, 더 나아가 조직이나 집단, 더 넓게는 사회에서 화가 난 경우에 대해 생각해봅시다.

예를 들면 '직장에서 부당한 압력 또는 괴롭힘을 당했다, 욕이나 중상 비방, 근거 없는 소문이 퍼졌다, 그곳에 심각한 문제가 생겼는데 아무도 움직이려고 들지 않는다.' 같은 경우입니다.

이런 상황에서 자기 방식대로 싸우면 그야말로 고군분투

하다 고립무원, 즉 자기 혼자만 궁지에 몰리게 됩니다. 여러 명의 타인을 상대할 때에도 기술을 사용해서 잘 헤쳐나가야 합니다.

에피소드를 하나 소개하며 자세히 살펴보겠습니다.

어려움에 처했을 때는 '이해해줄 다른 사람을 찾는다'

———

한 여성이 입주한 아파트 이사회에서 성가신 남성을 만났습니다.

빈정거리는 태도로 제안을 할 때마다 찬물을 끼었습니다. 그렇다고 대안을 내놓는 것도 아닙니다. 다른 참가자는 입을 다물고만 있습니다. 매번 회의는 아무것도 결정하지 못하고 끝납니다.

"화가 나서 미치겠어요." 그렇게 여성이 푸념합니다.

이 문제는 조직, 집단, 사회에서 '흔히 볼 수 있는' 모습입니다. '바꿀 의욕도, 협력할 의지도 없다. 심통 사납고, 반대만 하고, 깔보고, 모임 분위기에 찬물을 끼었는다. 오만, 태만, 방관자…' 이런 인물이 영향력을 가지면, 그 집단은 점점 정체되어 갑니다.

먼저 기술을 사용해서 정리해 나갑니다. '화를 느끼고 있다. 원인은 '그 사람'에게 있다. 그렇다면 이해시켜 보자. 하지만 그 사람은 이해할 것 같지 않다.'

그러면 생각을 전환합니다. **이해해줄 다른 사람을 찾는** 것입니다.

다음 방침에 따라 어떻게 대응할지 정리해보세요.

1. '이야기가 통하는 사람은 없을까?' 생각해본다

기본은 이해해줄 다른 사람을 찾는 것입니다. '문제가 있다, 고통을 느끼고 있다, 본인에게 이야기하고 싶지만(실제로 했지만) 전해질 것 같지 않다.' 그렇다면 달리 이해해줄 수 있는 사람(알아줄 것 같은 사람)이 있는지 생각해봅니다.

2. '공통의 이익'을 생각한다

공통의 이익이란, 다른 사람에게 이익이 되는 것입니다. 쉽게 말하면, '모두를 위해서(나 말고 다른 사람을 위해서)'라고 할 수 있습니다. '이러저러한 부정적인 점이 있다든지, 다른 사람도 피해를 입는다든지, 직장의 생산성이 떨어진다든지' 하는 점을 생각하는 것입니다.

개인의 화로 시작된 일이지만, 막상 이해해줄 다른 사람을 찾는 단계가 되면 다른 사람에게는 어떤 가치가 있을지 생각하게 됨으로써 이해해주는 사람이 생길 가능성을 높입니다.

3. 할 수 있는 일은 혼자서 시작한다

집단에서는 혼자서 할 수 있는 일을 먼저 시작하는 것이 중요합니다. 다른 사람에게 맞추다 보면 아무것도 진행되지 않습니다. 처음에는 자신에게만 문제점이 보입니다. 이해해주는 사람은 전하는 노력을 시작한 후에야 나타납니다.

'공통의 이익이 있다. 아직 전체가 함께 움직이지 못할 상황에 있다. 혼자서 할 수 있는 일이 있다.' 그렇다면 GO!

4. 이해해주는 사람을 늘려간다

자신의 생각을 계속 전합니다. 그리고 비슷한 고민이나 문제의식을 느끼고 있는 사람이 더 있는지 확인합니다. 발견하면 그 사람들이 어떻게 생각하는지 물어봅니다.

이해해주는 사람이 하나둘씩 늘어나다 보면 사태가 바뀔 가능성이 생깁니다.

'아니, 말도 안 돼. 절대 그런 게 될 리가 없잖아.' 이렇게 생각하는 사람도 있을 것입니다. 맞는 말입니다. 사실은 바로 거기에 그 집단의 문제점, 더 말하자면 본질이 있을지도 모릅니다. 이런 사람은 대답을 서두르지 말고 이 책을 전체적으로 살펴보면서 적절한 기술을 찾아보세요.

말이 통하는 자리인지를 판별한다

지금 이야기한 방법은 문제에 직면했을 때의 기본 틀입니다. 지금부터는 '자신이 무엇을 할 수 있는지'를 판별하는 과정에 들어갑니다.

다만 몇 가지 주의해야 할 점이 있습니다.

① 한 사람에게 집착하지 않는다

말이 통하지 않는 경우는 예사입니다. '말이 통하지 않는다.'라고 느꼈을 때는 '이해해주는 사람을 늘리면 되니까.'라고 생각하며 시야를 넓힙시다. 말이 통하지 않는 상대에게 화를 내며 감정을 소모하지 않도록 주의합시다.

② 말할 가치가 있는지를 생각한다

관계 없는 사람까지 끌어들이는 것은 피하고 싶은 법입니다. 시간도 들고 노력도 드는 데다 반대나 비판 의견을 들을 가능성도 있습니다. 그래도 말할 가치가 있는지, 그렇게 할 정도의 문제인지를 냉정하게 생각합니다.

③ 누구에게 말하는 것이 적절한지를 생각한다

문제 해결로 이어질 만한 사람을 찾습니다. 조직이라면 권한이 있는 사람에게 이야기해봅니다.

④ 결과에 연연하지 않는다

전해질지 아닐지는 미지수입니다. 다른 사람이 어떻게 생각할지에 대해 너무 큰 기대는 하지 말아야 합니다. 그러니 결과에 집착하지 말고 '이야기가 통하는 곳(사람들)인지' 한번 알아본다는 생각으로 합니다. '이해해주는 사람이 있으면 럭키(행운, 신의 선물)고.' 정도로 생각해둡니다.

이해해주는 사람이 없으면, 여기는 '그런 곳(사람들)'임을 알 수 있습니다. 전해지지 않는다는 사실을 알게 되면, '언제까지 머물 것인가?'라는 자신의 문제로 전환합니다(스테이지6).

올바르게 움직이면 사태를 개선할 가능성이 생깁니다.

한 여성은 강압적인 동료에게 시달리고 있었습니다. 동일 인물 때문에 궁지에 몰려 일을 그만두는 사람까지 나왔습니다. 직속 상사는 알아주지 않았지만, 이해해줄 만한 사람을 찾자 더 위에 있는 사람이 움직여 주었습니다. 인사부에 이야기를 전달해주고, 본인에게도 서약서에 서명을 받아 겨우 사태가 진정되었다고 합니다.

말이 통하는 곳이라면 그다지 고생하지 않고도 사태가 개선될 수 있다는 것을 보여주는 좋은 예입니다.

이해받기 위해 돌진하라

———

'이해받고자 하는' 방향성, 즉 칼을 쓰는 방법은 끝까지 밀고나가는 것입니다. 이해해주지 않는 사람들에게 둘러싸여 있어서, 그대로 있다가는 고통이 끊이지 않을 것 같다면 '외부에서 이해해줄 만한 사람을 찾는다.'라는 선택지도 있습니다.

경찰, 행정기관, 비영리단체, 변호사, 법원, 언론사, 요즘 시대에는 SNS도 하나의 수단입니다. 시위나 사회운동도 그

연장선에 있습니다. '털어놓는다, 상의한다, 보고한다, 호소한다, 온라인으로 공유한다, 운동을 일으킨다.' 이 모두가 이해를 받고자 하는 방향임은 분명합니다.

다만, 다시 한번 말하지만 전할 가치가 있는지는 신중하게 검토해야 합니다. 특히 지금은 이해해주지 않는 타인과 마주치기 쉬운 시대입니다. 시간과 돈, 체력, 정신력 같은 비용도 고려해야 합니다.

결국 마지막에는 '올바른 생각(동기)'에 서 있는 것이 중요합니다. 이러한 문제가 있다. 이러한 화(고통)가 생겨났다. 어떻게든 화내지 않아도 되는 상황을 되찾고 싶다.

'나는 이 고통을 넘어서고 싶을 뿐이다(이해해주면 기쁠 것이다).'라는 생각에 계속 서 있는 것, 그리고 사실을 전하고 다른 사람에게 상처 주는 말을 하지 않는 것입니다.

이런 자신으로 있는 한 잘못하고 있는 일은 없습니다. 분명 이해해주는 사람이 있을 거라고 믿으면서 발걸음을 멈추지 마세요.

앞서 그 여성은 '무엇이든 반대'하는 남자를 더 이상 상대하지 않기로 했습니다. 대신 말이 통하는 주민과 이야기를 진행하여, 아파트의 규정 안에서 화단을 손보기 시작했습니다.

이 여성이 호소한 것은 바로 주민의 이익, 즉 주거 환경의 개선, 비용 절감, 아이들 성장에 도움이 된다는 점이었습니다. '주변 경관이 이렇게 바뀐다'는 걸 보여주기 위해 프레젠테이션 자료도 만들었습니다. 그러는 동안 말을 걸어주는 사람이 생겼습니다. 점차 더 많은 사람들이 관심을 가지며 원예 동아리 같은 모임도 생겼습니다.

성가신 그 남자에 관해서는 "이제 아무 상관 없어졌어요." 하고 웃습니다.

중요한 것은 이해해주는 사람을 늘리는 것입니다. 반대만 하는 사람은 무시하고 '공통의 이익'을 생각하며 혼자서 할 수 있는 일부터 시작한다! 이것이 우리가 나아갈 올바른 길입니다.

세상은 생각하는 것 이상으로 넓다

———

이 세상은 상상하는 것 이상으로 넓습니다. 언제든 이해해주는 좋은 사람을 만날 가능성이 있다는 말입니다.

한 남성은 지배력 강한 어머니 밑에서 자라는 바람에, 겨우 대학은 졸업했지만 사회에 적응하지 못한 채 집에 틀어박혀서 마흔을 넘겼습니다. 자살까지도 생각했지만 무서워서 결단할 수 없었습니다. 마지막으로 버린 것은 자신의 목숨이 아닌 어머니였습니다.

'사는 게 힘들었던 원인은 어머니에게 있다, 이야기하는 것도 한계가 있다.' 이렇게 답을 낸 남자는 탈출하기로 결심했습니다. 부모 곁을 떠나 휴대전화 번호를 바꾸고 은둔한 지 10여 년 만에 구직 활동을 시작한 것입니다.

물론 대부분이 이야기조차 들어주지 않았습니다. 세상은 차가운 곳이었습니다.

하지만 '지금까지 아무것도 하지 않았으니 어쩔 수 없지.' 하고 현실을 받아들이고서 거짓 없이 과거에 대해 이야기하며 "어떤 일이든 온 힘을 다해 열심히 하겠습니다."라고 계속 호소했습니다.

운 좋게도 부모와의 관계 때문에 고생한 경험이 있는 인사 담당자를 만나게 되었습니다. 드디어 일자리를 구한 것입니다.

대부분의 일이 처음에는 힘들고 어려운 법입니다. 다만 포기하지 않으면 조금씩 나아지는 것도 사실이지요. 이 남성은 오랜만에 겪어보는 인간관계가 쉽지 않아 고민하면서도 참을성 있게 노력했습니다. 그렇게 얼마 뒤에 그는 정직원으로 채용되었습니다. 사십대 중반이 되어서야 비로소 인생이 궤도에 오르기 시작한 것입니다.

"어머니는 제가 떠나고 나서 몸져누우신 것 같았지만 동정하지는 않아요. 이제는 제 인생을 살겠어요." 남성이 말했습니다. 최선의 선택입니다. 자신이 납득할 수 있는 삶을 사는 게 유일한 정답입니다.

세상은 우리가 생각하는 것 이상으로 넓다! 이렇게 기억해둡시다. 마음이 전해지지 않는 사람이 있는 것도 사실이지만, 이해를 받고자 하는 길을 나아가다 보면 만날 수 있는 사람들도 있습니다.

이 세상은
'망상의 바다'임을 깨닫는다

이 세상을 만드는 것은 인간의 마음입니다. 그 마음에는 여러 가지 망상이 있습니다.

망상을 가진 개인이 연결되어 조직, 사회, 국가, 국제 관계, 그리고 인터넷 세상이 만들어집니다.

유사 이래로 인간이 망상을 극복할 수 있었던 적은 없습니다. 그래서 힘을 가진 자가 자신의 편의에 따른 망상 영역을 무리하게 넓혀 전쟁을 일으키고, 경제를 조종하고, 사람을 억압하고 착취하는 것입니다. 또 인간의 망상 때문에 차별, 탄압, 분열과 격차의 확대가 끊이지 않는 것입니다. 인터넷과 SNS가 등장하면서 사람들의 망상 영역은 점점 더 넓어졌고, 그러다 보니 하고 싶은 말을 하는 데도, 하고 싶은 대로 행동을 하는 데도 박차가 가해진 것 같습니다.

이렇듯 이 세상은 무수한 망상이 연결되어 형성된 '망상의 바다'라고 할 수 있습니다.

망상의 바다는 정치나 경제만 움직이는 것이 아닙니다. 이제는 가치관마저도 편향된 망상 영역을 넓혀 사람의 인정 욕구를 너무나도 쉽게 '부추기게' 되었습니다. 돈을 많이 벌면, 시험에 붙으면, 어느 대학에 들어가면, 대단한 직함을 얻으면 성공한 사람이라는 지조 없는 가치관을 강요하면서 '당신도 이렇게 되세요. 안 그러면 가치가 없습니다.'라는 비언어적 메시지를 들이대게 되었습니다.

자신을 과시하면서 남을 얕보고, 부추기고, 상처 입히고, 조롱합니다. 이런 일이 태연하게 벌어지는 곳이 지금의 세상입니다.

> 이 세상은 망상으로 가득 차 있는데도
> 그것이 바람직하다(원래 그런 것)고 사람들은 생각한다.
>
> - 《출요경》

거친 망상의 바다에서 마구 농락당하는, 그런 개인의 모습이 떠오릅니다. 만약 헤엄치는 법을 모른다면 이대로 농락당하다가 조금씩 힘이 빠져서 결국에는 고통을 짊어진 채로 가라앉게 됩니다.

인터넷이 역시 '무서운' 이유

망상의 바다를 상징하는 것이 바로 SNS와 인터넷입니다. 이제는 일상적인 공간이 되었지만 마음에 미치는 영향이라는 관점에서 보면 주의해서 취급해야 할 장소임에는 변함이 없습니다. 결코 안전하다고 볼 수 없는 이유를 불교의 관점에서 정리해봅시다.

1. 과도한 자극을 피할 수 없다

한번 열면 무질서하고 과도한 정보와 영상이 눈에 들어옵니다. 마음은 취약합니다. 접하기만 해도 반응합니다. 욕심이라든지, 화라든지, 망상이라든지 하는 그런 것들이 헤집어지게 되는 현실을 부정할 수는 없습니다.

2. 한번 접하면 그만둘 수 없다

마음은 한번 반응하면 '집착 모드'로 전환됩니다. 즉 멈출 수 없게 되는 것입니다. 마음이 '아무 생각 없는 반응 모드'로 전환되어 이제는 절제되지 않은 채로 지속할 뿐입니다. 마음이 스마트폰 의존 상태에 빠진 것입니다.

3. 지배성이 없다

'지배성'이라고 하면 부정적으로 들릴 수도 있겠지만, 이는 파악할 수 있는 것을 말합니다. 즉 자신의 마음 하나로 완전히 조작 가능한 것을 말합니다. 그림을 그리거나 물건을 만드는 '작업'에는 지배성이 있어 스트레스를 받지 않습니다.

그런데 디지털 공간은 유리 벽 너머에 있어서 그냥 보고 있을 수밖에 없습니다. 게다가 상대는 어디에 사는 누군지도 모릅니다. '모든 것이 내 손에 닿지 않는 곳에 있다'는 답답함이 스트레스로 다가옵니다.

4. 서열화와 수치화에 홀려 있다

이 구조는 이제 '병'이라고 해도 좋을 정도입니다. '자신이 올린 글이 어디 사는 누구인지도 모르는 타인에게 노출된다. 그 반응이 수치화된다.' 이건 마치 학생들의 성적표를

공용 도로에 걸어놓고 인정 욕구를 부추켜서 의욕을 불태우게 하려는 폭력적인 학교와 같습니다.

5. 무심코 무언가를 말하고 싶어진다

이런 문제들에 비해 인터넷상에 '나는 생각한다'를 써서 올리는 일 자체는 간단합니다. '좋다 싫다, 좋아요 별로예요, 높은 평점 낮은 평점, 채널 구독, 리뷰, 코멘트, 팔로우하다 해주다' 등 이런 것 말고도 사람을 '가만두지 않는' 구조가 넘쳐납니다.

'자신의 견해를 쉽게 주장할 수 있는 데다가 얼굴도 숨길 수 있다?' 이런 구조는 필연적으로 일방적이고 잔혹해지기 쉽습니다. 게다가 여기에 있다 보면 불특정 다수의 '나는 생각한다'가 얽혀옵니다. 일부러 그렇게 얽히도록 설계한 시스템이기 때문입니다.

SNS는 총과 비슷합니다. 손에 들고 있으면 쓰고 싶어집니다. 불만 따위는 내버려두면 잊힐 텐데, 옆에 있으니 충동적으로 손을 내밀게 됩니다.

결과적으로 다른 사람에게 상처를 주고 상처를 받는 위험한 공간이 되어버렸습니다.

왜 '총기사회'라고 불리는 나라에서 이게 퍼졌는지도 알 것 같습니다. 누군가가 사람을 부추기지도 않고 상처 주지도 않는, 지금보다 양심적인 SNS를 만들어주면 좋을 텐데 말입니다.

부처가 굳이 SNS에 도전한다면?

부처의 눈으로 보면 디지털 공간은 마음을 과도하게 자극하는 독이 가득한 공간입니다.

한번 접하면 헤어나지 못하는 데다 '나는 생각한다' 또는 '인정받고 싶다'라는 자의식에 자극받아, 사람들의 악의를 마주해야 함에도 벗어날 수 없는 성가신 '망상의 바다'입니다.

마음의 청정淸淨에 가치를 두는 부처라면 망설임 없이 '가까이하지 않는다'를 선택할 것입니다.

하지만 인간은 연결되고 싶고, 이해해주기를 바라는 법입니다. 글을 올리는 것이 즐겁기도 하고, 교류·홍보·정보 수집을 할 수 있다는 이점도 있습니다. '이해해줄 다른 사람을 찾는' 도구로서도 도움이 됩니다. 그렇다면 일률적으로 부정하기보다는 잘 활용하는 기술을 익히는 편이 현실적일지 모릅니다.

그렇다면 다음과 같은 대책을 생각해볼 수 있습니다.

① 무엇을 위해서인지를 확인한다

가장 먼저 목적을 확인한다. 필요한 정보를 얻기 위해, 한숨 돌리기 위해, 일을 위해 등등.

② 언제까지 이용할지를 정한다

이용 시간을 정한다. 마음은 휩쓸리기 쉬우므로(집착 모드에 빠지기 쉬우므로) 타이머를 설정한다. 타이머가 울리면 처음에 확인한 '무엇을 위해서'를 떠올린다.

③ 무엇이 남을지, 무엇이 다음으로 이어질지 생각한다

이것이 가장 중요한 관점입니다. 가치 있는 것이 남는가? '어차피 아무것도 남지 않는다'거나 '스트레스와 답답함만 남을 뿐'이라면, 처음부터 '어차피 그럴 것'임을 알고 가까이 하지 않는 것도 가능해집니다.

④ 상대편의 동기를 확인한다

이것이 바로 '상대방의 말을 통해 그 생각을 이해한다'는 기술입니다. 말을 통해서 어떤 사이트나 인물이 어떤 가치관을 따르고 있는지를 관찰합니다. 다른 사람을 얕잡아 보거나 상처를 입히는 오만함, 악의, 근거 없는 소문, 중상비방과 이기적인 언행처럼, '가치 있는 것으로 이어지지 않는다'는 사실이 확인된 시점에서 무시합니다.

⑤ 방어 모드를 온(ON) 상태로 둔다

무방비한 상태로 있다가는 다른 사람이 던진 '말의 창'에 꿰뚫리고 맙니다. '창은 날아오는 법'이라는 사실을 항상 주의하면서 조금이라도 부정적인 것을 알게 되면 깊이 쫓지 말고 즉시 무시합니다(눈으로 보는 시간이 길어질수록 마음에 깊이 남기 때문입니다). SNS라면 수신 설정 또는 계정을 바꾸거나, 아예 빠져나오는 것도 하나의 방법입니다.

디지털 공간은 가치도 있지만, '어차피 3원칙'이 당연한 장소이기도 합니다. '어차피 들어가면 휩쓸린다, 어차피 잊을 것이다, 어차피 없어도 살아갈 수 있다.'

스트레스가 일정량을 넘은 사람은 이 원칙을 기억하세요.

'어차피'라는 진실을 기억해서 휩쓸리지 않도록 조심합니다.

아무리 디지털 공간이라고 해도 어쨌든 인간의 마음이 만드는 장소입니다. 따라서 다른 사람과 마주하는 기술을 그대로 적용할 수 있습니다. '가치가 있는가, 없는가?'라는 선택지를 칼로 삼아 벤다. 가치가 없다는 것을 알면 적극적으로 피하거나(멀어지거나) 흘려버린다.

이 세상이 '망상의 바다'라는 사실을 모르면 빠져버리게 됩니다. '망상'이라는 마음의 성질을 잘 이해하고 능숙하게 헤엄쳐 나가도록 합시다.

만약 주위에 적이
가득하다고 해도(부처의 경우)

이쯤에서 다시 부처 본인이 등장하도록 부탁해볼까요? 부처야말로 인간관계의 달인—사람들 사이에서 최강—이었습니다. 어떤 점에서 최강이었는지 다음 에피소드를 살펴보겠습니다.

깨달음을 얻은 부처는 고대 인도 마가다 왕국을 중심으로 '마음의 고통을 넘어서는 방법'을 전하기 시작했습니다. 만인에게 열려 있던 그의 가르침은 급속도로 퍼져나갔습니다.

이를 지배계급의 브라만들과 큰 종교단체의 교주들은 탐

탁지 않게 여겼습니다. 그중에서도 자이나교는 당시 불교와 함께 큰 세력을 자랑하고 있었는데, 이 자이나교의 지도자인 나타풋타라는 인물은 부처를 눈엣가시로 여겼습니다.

어느 날 나타풋타는 마가다 왕국의 왕자를 찾아갔습니다. 그리고 이런 음모를 제안합니다.

"왕자여, 부처에게 이렇게 물어보세요. '당신은 타인을 불쾌하게 하는 말을 하기도 합니까?'라고. 만약 말하지 않는다고 대답하면, '그것은 거짓말이다. 그 데바닷타라는 남자는 당신 말에 고통받고 있다. 당신은 거짓말쟁이다.' 이렇게 말하세요. 만약 말한다고 대답하면, '아니, 그렇다면 당신도 보통 사람과 다를 바 없지 않은가? 어디가 부처란 말인가?' 이렇게 돌려주는 겁니다. 그러면 제아무리 부처라도 아무 대꾸도 하지 못한 채 입을 다물고 말 것입니다. 누구도 이기지 못했던 부처를 당신이 이기는 것이지요. 왕자의 명성은 순식간에 퍼질 것입니다."

당시에는 부처와 토론해서 이길 수 있는 사람은 없다는 소문이 자자했습니다. 유명한 브라만들이 부처와 논쟁을 벌였지만, 마지막에는 모두 부처의 말에 납득하고 돌아갔습니다. 질투심 많은 자이나교 교주 나타풋타는 그것을 용서

할 수 없었습니다.

이때 나오는 남자의 이름이 데바닷타입니다. 원래 부처의 제자였지만 수행 방침을 둘러싸고 대립하여 부처의 교단을 떠난 일이 있었습니다. 부처에게 적개심을 불태우고 있었던 사람입니다.

'그 데바닷타는 부처를 증오하고 있다, 그 사실을 이용하여 부처를 추궁하라, 당신도 남을 괴롭히고 있다고 비난해 주어라.' 이렇게 제안한 것입니다.

두 사람은 이렇게 하면 반드시 이길 수 있으리라고 예상했습니다.

다음 날 아침 왕자는 부처를 식사에 초대했습니다. 부처 외에 제자도 세 사람 불렀습니다.

이때 왕자의 무릎에는 아기가 있었는데, 혹시라도 말다툼을 하다가 아이가 울기 시작하면 '부처가 감정적으로 굴어서 아이를 울렸다, 제자들도 보고 있었다.'라고 소문을 퍼뜨릴 생각이었는지도 모릅니다.

모략의 함정이 설치된 가운데 아무것도 모르는 부처는 조용히 자리에 앉았습니다.

왕자는 나타풋타가 알려준 대로 질문을 던졌습니다.

그러자 부처는 단 한마디로 대답했습니다.

그 말을 듣고… 왕자는 "우리가 졌다." 하고 고개를 푹 떨구었습니다.

"일률적으로 말할 수 없다.It depends."

(＊"일률적으로 말할 수 없다."라는 번역은《현대어 불교성전現代語仏教聖典》(일본불교문화협회)에서 발췌.)

부처가 돌려준 말은 이 한마디뿐이었습니다. 여러 가지로 모략을 꾸며 다 이겼다고 생각했던 자신이 얼마나 어리석었는지 왕자는 뼈저리게 느꼈습니다.

힘없이 고개를 떨구는 왕자의 모습을 본 부처는 무슨 일이 있었는지 물었습니다. 어제 있었던 일에 대해 들은 부처는 왕자에게 이렇게 말했습니다.

> 내가 말하는 것은 진실이자 상대방에게 유익한 경우이다.
> 때로는 상대방이 불쾌하다고 생각하더라도, 때에 따라 필요한 말은 자비에 의하여 말한다.
>
> - 아바야 왕자와의 대화,《중부》

이 대화에는 부처가 사람들과 어떤 식으로 관계를 맺고 지내는지 드러나 있습니다.

하나는 상대방이 어떤 생각으로 다가오든 '있는 그대로의 자신으로 있다'는 사실입니다.

나타풋타와 왕자처럼 '상대방이 이런 말과 행동을 하면, 이쪽은 태도를 이렇게 바꾸겠다.'와 같은 계산을 하지 않습니다. '자신의 삶의 방식을 관철한다!' 그만큼 떳떳한 자세입니다.

"일률적으로 말할 수 없다."라는 말에는 부처의 생각이 숨어 있습니다. 부처는 어떤 상대라도 '그저 이해한다'는 마음으로 대합니다. 그래서 상상 속의 이야기에 넘어가지 않습니다.

막연하게 "(타인을 불쾌하게 하는) 말을 하기도 하는가?"라고 물어도 상대방을 보고 그 생각을 이해하지 않으면 말을 고를 수 없습니다. 당연히 "일률적으로 말할 수 없다—상대와 상황에 따른다."라고밖에 말할 수 없는 것입니다.

"무슨 일이 있었는가?"라고 왕자에게 물은 것도 '정확하게 이해하기' 위해서입니다. 마음은 1밀리미터도 움직이지 않았습니다.

게다가 상대의 악의와 망상이 밝혀진 후에도 부처는 어

디까지나 '자신에게는'을 돌려줄 뿐입니다. "그런 음모를 꾸미고 있었다니 괘씸하군.", "정말이지, 그 남자는….", 같은 생각은 하지 않습니다.

자신이 말하는 것은 자신에게만 진실일 뿐! 그대로 두면 다른 사람이 계속 고통받을 것 같기에 '유익한', 즉 가치 있는 것을 자비(배려)에 의하여 이야기한다는 말입니다.

자신의 말을 다른 사람이 어떻게 받아들일지는 상대에게 달렸기 때문에 집착하지 않습니다. 나타풋타나 데바닷타처럼 생각이 전해지지 않는 상대도 있을 수 있습니다. 하지만 부처는 그런 사람을 쫓아가지 않습니다. 어디까지나 사람의 마음은 그 사람 자신의 것이라고 인정하고(존중하고) 있기 때문입니다.

'어떤 때라도 올바르게 이해하는 사람으로서 마주하고 다른 사람의 행복만을 바란다.' 이런 삶을 관철하는 것입니다.

이 세상에는 정말 다양한 사람들이 있습니다. 도저히 말이 통하지 않는 사람, 때로는 적대감을 드러내는 사람마저 존재합니다. 당신도 이해해주지 않는 타인들에게 둘러싸여 고독하고 괴로운 경험을 할지도 모릅니다.

그렇기에 '자신이 올바르게 사는' 것이 더욱 중요합니다.

'다른 사람이 어떤 생각을 들이대든 올바르게 살고자 노력한다.' 이것이 바로 궁극적인 답입니다.

그렇다면 어떤 게 올바르게 사는 삶일까요? 다음 스테이지부터 자기 자신의 삶을 찾아가도록 하겠습니다.

'칭찬받고 싶은 나'를
졸업하다

'칭찬받는다' 이외의 삶도
알아둔다

이 세상을 화에 휩쓸리지 않고 헤엄쳐 나가기 위해서는 기술이 필요합니다. '타인이나 바깥세상이 몰고 오는 화는 피하거나, 돌려주거나(말하거나), 흘려버린다.' 이제는 그 대략적인 이치를 알게 되었을 것입니다.

하지만 화를 넘어서는 싸움은 여기서 끝나지 않습니다. 사실 숨어 있는 강적이 하나 더 있습니다. 바로 '인정 욕구가 만들어내는 불만'입니다.

칭찬받고 싶고, 좋은 평가를 받고 싶고, 자신을 더 인정해주기를 바라는 이 인정 욕구에 사로잡힌 결과, 현 상황에 대한 불만과 바깥세상에 대한 '화'에 이르는 것입니다.

'칭찬받고 싶은 나'가 만드는 화는 '자기 발신'입니다. 심지어 오래도록 지속되는 성가신 감정입니다.

이 정도에서 '졸업'하는 삶을 알아둬도 손해볼 것은 없습니다.

'똘똘한 아이 멘탈'이 만들어질 때까지

요즘에도 다른 사람에게 칭찬받고 싶어 하는 사람은 아주 많습니다. 머리가 좋다든지, 직업·학력·경력이 훌륭하다든지 하는 칭찬 말입니다. SNS에도 사람들에게 주목받기 위해 기를 쓰는 사람이 적지 않고요.

항상 자신의 가치가 어느 정도인지 재면서 남과 비교하거나 다른 사람의 평가와 칭찬을 기대하며, 칭찬을 받으면 만족, 그렇지 않으면 불만을 느끼는 마음의 움직임을 '똘똘한 아이 멘탈'이라고 표현합시다.

똘똘한 아이 멘탈은 여러 가지 형태로 나타납니다. '더 위로 올라가고 싶어.'라는 상승욕이나 '다들, 나 좀 봐.'라는 과시욕, '다른 사람보다 뛰어나다고.'라는 자존심과 우월감이 그렇고, '이대로는 큰일 나겠어.'라는 조바심부터 '저 사람, 눈에 거슬려.'라는 질투, 심지어 '어차피 나 같은 건…'이라는 콤플렉스까지 모두 똑똑한 아이 멘탈입니다.

똑똑한 아이 멘탈의 정체는 인정 욕구와 망상 영역입니다. 인정받기를 바라는 욕구와 '이것이 있으면 칭찬받을 수 있어.'라는 망상이 합체하면 똑똑한 아이 멘탈로 변신합니다.

'똑똑한 아이 멘탈은 언제부터 시작되는가?' 그 원형은 어른에게 칭찬을 받으면 기뻐하는 아이의 반응에서 찾아볼 수 있습니다. 처음에는 부모에게 칭찬받는 걸로 만족하다가, 점차 '내가 어떻게 보일까?'라는 자의식이 발달하면서 반에서 인기가 많다든지, 공부를 잘한다든지, 운동을 잘한다든지, 멋있거나 귀엽다든지 하는 여러 가지 잣대로 자신을 평가하기 시작합니다. 중학교 입시(일본)가 똑똑한 아이 멘탈에 눈뜨는 계기가 되는 아이도 있습니다.

중고등학교 시절, 한층 더 똑똑한 아이 멘탈에 박차를 가하는 경우도 있습니다. 내신 점수를 중요하게 여긴다든지, 반 친구들에게 미움을 받지 않도록 한다든지, 선생님이나 선배의 마음에 들려고 노력한다든지, 주변 사람들보다 1점이라도 좋은 점수를 받으려고 하는 것입니다. 다른 사람의 평가가 신경 쓰여서 견딜 수 없게 되는 것이지요.

어른이 되면 변하는가, 하면 전혀 그렇지 않습니다. 학력, 경력, 직업, 지위나 수입, 그 밖의 지표를 기준으로 끊임없이 서로가 서로를 판단합니다. 묻지도 않았는데, 자기가 가진 것을 과시하고 싶어 합니다. 심지어 언제 결혼했다, 어떤 집을 샀다, 가족 여행은 어디로 갔다, 하는 이야기로 서로를 비교하면서, 조금이라도 우위를 차지하려고 애쓰는 사람도 있습니다.

'내가 어디쯤 서 있을까?' 같은 게 신경 쓰여 견딜 수 없습니다. "와, 대단하다."라고 말해주었으면 해서 참을 수가 없습니다.

왜 '잘난 척하며 말하는 사람'이 많을까

똑똑한 아이 멘탈은 망상하는 내용에 따라 크게 두 가지로 나뉩니다.

하나는 '나는 우수하다(나는 가치가 있다)'라는 망상 영역입니다. 이를 넓히면 '현재에 안주(안심)'하거나 다른 사람을 얕잡아보며 인정 욕구를 채우게 됩니다. 흔히 말하는 허세, 자존심, 허영심, 우월감을 보이는 경우입니다.

이 망상 영역을 더 넓히면 소위 말하는 으스대는 사람이 됩니다. 오만불손, 안하무인, 다른 이를 바보로 만드는 불쾌한 사람들이 그런 부류입니다. 한층 더 밀어붙이면 강압적인 성격이 되거나, 다른 사람을 따돌리고 괴롭히고 상처를 주고도 아무렇지 않은 사람이 되어 갑니다.

이런 사람들은 '나는 우수하다'라는 자신의 망상에 거스르지 않는 사람 앞에서는 기분이 몹시 좋습니다. 그래서 '자신보다 아래'라고 생각되는 사람이나 "와, 대단하다."라고 칭찬해주는 사람을 '좋은 사람'이라고 생각합니다.

한편, 자기처럼 '나는 뛰어나다'를 드러내는 사람과는 충돌합니다. 자신의 우위를 유지하기 위해 싸우고 욕하다가 마지막에는 사이가 틀어지게 됩니다.

이와 반대로 나타나는 것이 '나는 열등하다'라는 망상 영역, 이른바 열등감입니다. 이런 망상이 있는 사람은 다른 사람의 시선을 두려워합니다. 원래 자신의 가치가 낮다고 생각하기 때문에 '분명 다른 사람도 그렇게 생각할 거야.' '역시 나는 안 되는구나.' 이런 생각이 앞섭니다.

인정 욕구가 사람을 행복하게 하지 않는 진짜 이유

흥미로운 것은 어느 쪽이든 화에 도달한다는 점입니다. '나는 열등하다'라고 생각하는 사람이 불만을 가지는 것은 당연한 일입니다. 그런데 '나는 우수하다'라고 생각하는(생각하고 싶은) 사람 역시 신경질적이고 화를 잘 냅니다.

그럼 냉정하게 생각해봅시다. 똑똑한 아이(칭찬받고 싶은 사람)는 도대체 언제 만족하게 되는 걸까요? 사실 그런 날은 영원히 찾아오지 않습니다. 여기에는 다음과 같은 세 가지 이유가 있습니다.

1. 인정받고 싶다는 것은 자신을 인정하지 않는다는 것이다

수수께끼 문답 같지만 진실입니다. 자신의 가치를 인정하지 않기(알지 못하기) 때문에 타인의 인정이 필요합니다. 애초에 마음은 무언가를 바라는 순간 지금의 상태를 부족하다고 느낍니다. 이것이 바로 부처가 탄하(taṇhā: a mental state of craving, 갈애·갈증)라고 부르는 마음의 성질입니다. '바라다'라는 에너지에 사로잡히는 순간 현실은 아무것도 변하지 않았음에도 불만족(아직 부족하다)을 느끼게 되는 것입니다.

바라는 마음(탄하)을 벗으로 삼는 자는
다음에서 다음으로 계속 바라며 반복되는 윤회를 넘어서지 못한다.
- 두 가지 진리에 대하여, 《경집》

2. 타인은 자신이 아니다

이것도 다시 한번 확인합시다. 아무리 여러 사람에게 많은 칭찬을 받더라도 받는 쪽은 다른 사람의 목소리나 말을 통해 받을 수밖에 없습니다. 식욕이라면 혀로 맛보고 물리적으로 배가 부르면 만족하지만, 인정 욕구는 '칭찬받았다'라는 망상 수준에서 만족할 수밖에 없습니다.

비유하자면, 유리창 너머로 매장에 진열된 음식을 바라보고 있는 것과 같습니다. 눈에도 보이고, "이 호화로운 음식은 당신 거예요. 당신은 똑똑한 아이니까요."라는 소리도 들립니다. 하지만 배가 채워지지는 않습니다.

3. 칭찬을 받고 싶을수록 다른 즐거움은 줄어든다

인정 욕구에 휩싸이면 '내가 어떻게 보일까?'라는 망상(이른바 자의식)이 점점 심해집니다. '나는 우수하다'는 쪽이든 '나는 열등하다'는 쪽이든 망상이 늘어날수록 바깥세상을 오관五官으로 느끼지 못하게 됩니다. 결과적으로 살아 있다는 감각이 줄어듭니다. 진정한 즐거움을 알 수 없게 되는 것입니다.

그래서 극단적인 예긴 하지만, 다른 사람의 칭찬을 바라며 입시 공부나 자격증 취득에 매진하거나 유행하는 SNS에 빠져들기도 합니다. 하지만 겉으로 보이는 모습은 차치하더라도 마음은 공허(사실은 무엇을 하고 싶은지, 무엇이 즐거운지 자신도 모르는 상태)해질 가능성이 큽니다. 실제로 지금 그런 심경인 사람이 있지 않을까요?

똑똑한 아이 멘탈은 본인이 생각하는 것만큼 효율적인 삶의 방식이 아니라는 말입니다.

덧붙여서, 불교에서 생각하는 '머리가 좋다'란 행복해질 수 있는 삶의 방식을 아는 것, 고통을 줄일 수 있는 지혜가 있는(방법을 아는) 것입니다.

세속에서 말하는 '똑똑한 아이'와 '지혜가 있다'는 것은 그 의미가 상당히 다릅니다. 전자는 스트레스를 동반하지만, 후자는 스트레스가 전혀 없는 데다가 도움도 됩니다.

도움이 되는 '똑똑한 아이'라면 가치가 있습니다. 하지만 도움이 되지 않는다면, 칭찬받는 것을 그 무엇보다도 바라는 똑똑한 아이에게 과연 어떤 가치가 있을까요?

> 망상을 질질 끌지 않는 자에게는 속박이 없다.
> 지혜를 쓸 줄 아는 자는 헤매지 않는다.
> 이것저것 두루 생각하며 자신의 가치에 집착하는 자는
> 타인과 충돌하며 세상을 떠돈다.
>
> — 딸을 동반한 브라만과의 대화, 《경집》

'하지만 세상은 원래 그러지 않나? 나도 인정받고 싶어. 그 래서 무리하면서 살아왔어. 이 사회에서 살아가는 이상 어 쩔 수 없잖아.'라고 생각하는 사람도 있을 수 있습니다.

확실히 그런 사회인지도 모릅니다. 하지만 세상이란 무엇 일까요?

사회를 만드는 것은 우리 인간입니다. 그 인간에게 욕심 과 망상이 있다는 것은, 인정 욕구와 이것을 손에 넣으면 칭 찬받을 수 있다는 망상과 그 망상을 당연하다는 듯이 받아 들여서 이용하고 부추기는 사람이 있다는 것(부모, 학교, 학 원, 이웃, TV, 사회 풍조 등)이고, 결국 이것도 인간이 만들 어내는 망상 영역일 뿐이라는 말입니다.

이 망상 영역에 이쪽까지 똘똘한 아이 멘탈로 무장한 채 입 장(참가)하면 서로의 가치를 재는 '그런 세상'에 돌입합니다.

그 결과로서 무엇이 남을까요? 채워지지 않는 삶과 폐쇄 된 가치관에 얽매여 전혀 변하지 않는 사회입니다.

이제 조금 화제의 폭을 넓혀봅시다. 우리 사회에는 '공부 잘하는' 것을 최고의 가치로 삼는 풍조가 있습니다. 이런 가치관에 선동되어 궁지에 몰리고 압박을 받아 부서질 위기에 처한 중고등학생이 많습니다. 이미 부서진 어른도 많고요.

그럼 공부를 좀 잘하는 사람, 그래서 머리 좋다는 말도 듣고, 다른 사람에게 칭찬받을 만한 학력이나 직업을 손에 넣은 사람이지만, 그럼에도 진정한 지혜를 발휘하고 있는 사람, 그러니까 다른 사람의 고통을 해결할 방법을 찾아내고 실제로 행동까지 하는 사람은 과연 얼마나 될까요?

이 세상에 고통은 얼마든지 있습니다. 할 일은 얼마든지 있다는 말입니다. 만약 '똑똑한 아이'가 '지혜로운 사람'을 의미한다면, 여러 분야의 똑똑한 아이들이 다른 사람의 고통을 배려하고 사회를 바꾸는 일에 열심히 참여하고 있을 것입니다. '공부 잘하는 사람'을 양산하는 사회 구조가 옳다면, 이 세상에는 조금 더 눈에 보이는 변화나, 신뢰와 희망이 늘어났을 터입니다.

하지만 실제로는 자존심을 지키는 데 급급해서 칭찬받는 것을 최우선으로 삼다 보니 공부도, 학력도, 직업도 그 수단에 지나지 않는 경우가 대부분입니다. 이런 똑똑한 아이들이 아무리 늘어나도 세상의 행복은 늘지 않습니다. 부처라면 "그것이 무슨 도움이 되는가?"라고 물을 것입니다.

도움이 되지 않습니다! 인정 욕구에 의한 자기만족일 뿐이기 때문입니다.

확실히 '그런 세상'입니다. 즉 인정 욕구와 망상 영역으로 만들어진 세계라는 말입니다. '그 외에 다른 길이 없는' 것도 아니고, 자신의 삶도 같은 방식을 따라야 한다는 법도 없습니다.

그렇다면 '그런 것'에 영합하지 않고 '그 정도'로 여기며 잘라버려도 괜찮습니다.

'졸업'을 준비하자

'머리로는 알겠는데….' 이것이 진심일지도 모릅니다. 똑똑한 아이 멘탈을 졸업하는 데는 확실히 시간이 걸립니다. 철이 들었을 때부터 계속 칭찬받기를 바라왔으니 말입니다. 그러나 지금처럼 살아도 충족되지 못할 것은 분명합니다.

'이제는 다른 삶을 살아보고 싶다.' 이렇게 생각하는 사람은 다음 기술을 사용해서 조금씩 인생관(어떤 삶에 가치를 두는가)을 바꾸어가면 어떨까요?

1. 똑똑한 아이 멘탈은 효율이 나쁘다는 것을 자각한다

가장 먼저는, 이미 확인한 것처럼 충족되지 않음을 자각해야 합니다.

똑똑한 아이 멘탈은 연비가 매우 나쁜 고물 자동차와 같습니다. 액셀을 최대로 밟아도 원하는 대로 달리지 못하는데다 다른 차와 부딪치거나 '푸쉭' 하고 불쾌한 연기를 내뿜으며 멈춰버리기도 합니다. 게다가 좁은 차내(자의식)에서 나올 수도 없습니다.

마음이 딱딱하게 뭉치고 기진맥진 지쳐 있습니다, '목이 말라.' '편안해지고 싶어.'라고 생각하는 것이 출발선입니다.

2. 주위를 보지 않는다

똑똑한 아이 멘탈은 자꾸만 사람들의 시선을 신경 씁니다. 자신이 어느 정도나 칭찬받을 수 있는지 신경이 쓰여 견딜 수 없습니다. 하지만 아무리 주위를 둘러봐도 '유리창 너머에 진열된 요리'와 같아서 마음이 채워지지는 않습니다.

바깥을 보면 마음이 자극되어 목이 마릅니다. 그렇다면 보지 않으면 됩니다.

말 그대로 눈을 감는 것입니다. 밖을 보는 시간을 줄이고 혼자 있는 시간을 늘립니다. 자신이 어떻게 비쳐지는지, 다른 사람은 어떻게 말하는지를 쫓아가지 않습니다.

쫓아가도 인생의 질(만족도)은 높아지지 않습니다. 그런 점에서 좌선(명상)이 도움이 됩니다. 마음의 상태를 살펴봄으로써 자신의 삶을 확인할 수 있기 때문입니다.

3. 혼자서 즐길 수 있는 것을 소중히한다

혼자만의 시간을 소중히 여기고, 그 안에서 쾌감을 느끼는 것부터 시작합니다.

예전에 동영상 방송으로 인기를 얻은 사람을 만나서 "사람들의 반응이 신경 쓰여서 너무 피곤해요."라는 내용의 상담을 한 적이 있습니다. 그럴 때일수록 눈을 감고 '내가 좋아서 하는 일이다.'라는 출발선으로 돌아가기를 권했습니다.

우선은 혼자만의 시간을 즐길 수 있도록 방법을 생각합니다. '애초 무엇을 하고 있을 때 즐거웠는지를 떠올려본다. 창작자라면 만들어내는 기쁨을 떠올린다. 사업가라면 일을 통해 사회에 공헌하고 있다는 자부심을 떠올린다.' 어떤 이유로 하는지 다시 한번 생각해보는 것입니다.

다른 사람의 평가를 기대하면 기쁨이 멀어집니다. 우선 눈을 감고 혼자서 납득할 수 있도록 발상을 전환합니다.

4. '가능하다면 더'를 졸업한다

똑똑한 아이 멘탈을 가진 사람은 아무래도 '가능하다면 더'를 꿈꾸게 됩니다.

어떤 남성은 일흔이 넘었는데도 "가능하다면 총리대신이 되고 싶다."라고 말했습니다. 무심코 꿈꾸게 된다고 합니다. "훌륭한 자신을 보여주고 싶어서인가요?"라고 물었더니 "맞습니다."라며 웃었습니다.

사람은 나이가 들어도 좀처럼 인정 욕구를 놓지 못합니다. '가능하다면 최고가 되고 싶어.' '더 위로 올라가고 싶어.' '더 예뻐지고 싶어.'라거나 '그게 이랬더라면…' 혹은 '가능하다면 더…'를 계속 바라게 됩니다.

그러나 아무리 망상을 해도 현실은 바뀌지 않습니다. 꿈을 좇아서 얻는 것은 채워지지 않는 마음의 갈증뿐입니다. 이제는 충분하지 않나요?

> 너무 많이 바라는 자는 부족한 자신을 부정하고, 타인에게 불만을 나타내며, 화를 품고, 가치 있는 생각(자기 자신)을 잃어버린다.
>
> -《상응부》

5. 없어도 살아갈 수 있다는 사실에 눈뜬다

'똑똑한 아이가 아니어도 살아갈 수 있다!' 이것도 진실입니다. 현시점에서 생활이 가능하다면, 사실은 아무것도 부족한 게 없는지도 모릅니다.

게다가 '가능하다면 더'를 좇는 것을 그만두면 자유로운 시간을 가질 수 있습니다.

다른 사람의 시선 따위는 신경 쓰지 말고(일부러 눈을 감고), 해보고 싶은 것, 하지만 지금까지 하지 못했던 것들을 하면 됩니다. 이런 곳에 갔다, 봤다, 먹었다, 체험했다 등.

인생은 이런 단순한 것들이 쌓여 이루어집니다. 지금(무언가를 하고 있는 시간)을 단순하게 즐길 수 있도록 생각을 바꾸어나가는 것입니다.

이런 삶에는 다른 사람의 평가나 칭찬이 전혀 관계없습니다(망상이니까요!).

사람은 이렇게 되고 싶다, 이러했으면 좋겠다고 몽상하고
자신에게 불만을 품는다.
몽상을 버리고 불만에서 벗어난 자는 마음의 자유를 얻는다.
뱀이 낡은 껍질을 벗어던지듯이 말이다.

- 《경집》

---

6. 차라리 '지탱하는 사람'이 되자

불교다운 발상을 하나 더 소개하겠습니다.

만약 정말로 자신이 '잘난 사람(우수·유능·두뇌 명석한 인간)'이라고 생각한다(생각하고 싶다)면, 오히려 **다른 사람에게 도움이 되는 사람**을 목표로 하면 어떨까요?

도움이 되는 사람이야말로 진짜입니다. 불교의 관점에서 정의하자면 ① 다른 사람의 행복과 사회의 개선을 최우선으로 바라는 것, ② 구체적으로 무엇을 하면 좋을지 방법을 제시할 수 있는 것, ③ 행동하는 것, ④ 자신의 역할을 최대한 진지하게 집중해서 완수하는 것, 이렇게 네 가지를 갖춘 사람이 진짜 지혜로운 사람입니다.

이른바 우수한 사람, 유능한 사람, 일을 잘하는 사람, 전문가, 선택된 사람(엘리트) 등 어떻게든 부를 수 있습니다. 이런 방식으로 삶을 살아갈 수 있다면, 똑똑한 아이도 전혀 나쁘지 않습니다. 오히려 귀중(사회의 보물)합니다.

사람의 마음은 무심코 인정 욕구에 사로잡혀 버립니다. 자신의 가치를 먼저 보고, 다른 사람을 업신여기거나 '부족하다'고 판단하고, 자신에 대한 평가가 낮다고 불만을 토로합니다. 삶의 의미를 스스로 좁히고 있습니다.

차라리 발상을 전환해서, 다른 사람의 삶을 지탱하고 사회에 공헌하는 것을 선(가치가 있다)이라고 생각하는 방법도 있습니다. 그러면 자신을 살릴 수 있는 기쁨과 올바른(가치가 있는) 삶의 방식을 따르고 있다는 인식(자신에 대한 신뢰)이 생깁니다. 물론 주변 사람들에게도 도움이 되고요.

'내 직장, 우리 사회, 이 사람들을 지탱하는 것이 나의 역할이다!' 이렇게 생각하며 살아보는 것입니다. 얼마나 기분이 상쾌할까요?

인생의 의미를 고쳐 쓴다

예전에 일본 가스미가세키*에서 온 젊은 엘리트 관료를 상담한 적이 있습니다. 시험에 강해서 한 번에 도쿄대학에도 붙고, 국가 공무원 1종 채용 시험에도 상위 성적으로 합격해서 관료가 되었다고 합니다.

하지만 '몹시 고된 업무가 계속되어 휴직했다, 더 이상 출세 코스에 오를 수 없다, 그것에 양심의 가책을 느낀다.'라고

---

* 가스미가세키: 여러 공공기관이 모여 있는 지역을 말한다.

이야기합니다.

주위에는 모두 우수한 사람들뿐입니다. 대부분 서로 비교하고 경쟁해서 그 자리에 도달한 사람들입니다. 주위를 신경 쓰다 보면 확실히 뒤처진 기분이 들 것도 같습니다.

제가 알려준 것은 망상 영역을 손에서 놓는 방법이었습니다.

"지위나 직종에서 가치가 높고 낮음을 보는 것은 망상입니다. 타인의 망상에 같이 어울릴 필요 없어요. 사람들은 모두 망상의 세계에서 살고 있구나, 하고 생각하면 충분합니다."

"일이란 자기가 할 수 있는 걸 하는 겁니다. 가치관이라는 망상이 들어가면 가치의 높고 낮음이 보이겠지요. 하지만 실제로는 일정한 시간 동안 몸과 머리를 써서 작업을 하고 있을 뿐이에요."

"일할 수 있는 기간은 곧 끝납니다. 시간이 한정된 작업일 뿐이에요. 묵묵히 눈앞의 일에 힘쓰며 하루하루를 보내다 보면 어느 날 은행 계좌에 돈이 들어와 있어요. 그것만으로도 충분히 고마운 일 아니겠어요?" 이렇게 전했습니다.

"보지 않는 연습을 하면 되는 거로군요." 하며 웃었습니다. 맞습니다.

덧붙이자면, 어떤 일이든 분명히 사회를 지탱하고 회전시키는 힘이 됩니다. 본인은 실감하지 못해도 객관적으로 보면 역시 사회를 지탱하는 중요한 역할을 맡고 있습니다.

이런 사실을 아는 자신이 될 수 있는지가 중요합니다.

인정 욕구를 중심에 두면 자신의 일이 작아보일지도 모릅니다.

그러나 자기의 이익만을 탐하는 작은 욕심을 없애면 매일의 작업이 남고, 무언가에 도움이 되고 있다는 조용한 인식이 남습니다. 그런 다음 남는 시간을 자유롭게, 자기 나름대로 즐겁게 보낼 수 있다면 만점 인생입니다.

이렇게 생각할 수 있도록 인생의 의미를 고쳐 쓰는 것입니다.

자신의 가치를 타인과 비교하며 재는 자는 마음속으로 타인과 다툰다.
이러한 망상을 가지지 않은 자는 비교로 인한 동요와 고뇌에 사로잡히는
일이 없다.

- 사밋디의 출가,《상응부》

자유로운 사슴이 숲속에서 먹을 것을 찾아 돌아다니는 것처럼
지혜로운 사람은 속세에 있어 독립적인 마음으로 코뿔소의 뿔처럼 홀로
걸어가는 것이 좋다.

- 코뿔소의 뿔로서,《경집》

열등감도
놓아버려라

똑똑한 아이 멘탈이 '나는 우수하다'와는 정반대로 펼쳐
진 상태가 '나는 열등하다'라는 망상 영역입니다. 부담감, 약
점, 열등감이라 불리는 것입니다.

이 망상은 금세 마음에 솟아나서 '어차피 나는…' 하고는
스스로를 부정하려 듭니다. 그러면 타고난 인정 욕구가 반
발하며 화가 나게 됩니다. 즉 열등감이 있는 사람은 자신을
업신여기는 동시에 업신여기는 데에 화가 나는 '화의 자가
발전 상태'에 있습니다.

이런 괴로운 상태에서는 가능한 한 빨리 졸업하는 것이

상책입니다. 부처의 기술을 사용하여 열등감이라는 망상을 통째로 날려버립시다.

'세상'과 '인간'과 작별하자

---

1. 피한다(멀어진다, 일부러 내친다)

먼저 자신의 열등감에 덧칠하는 '세상'에서 멀어져 보세요. 부럽거나 울적해지는 화젯거리, TV 방송, 자기계발서는 보지 않습니다! 시야에서 배제하세요.

똑똑한 아이 멘탈(열등감 버전)이 배어든 마음은 무심코 이러한 자극을 좇다가 '좋겠다. 그에 비해 나는…' 하고 망상하기 시작합니다. 미인(이라고 세상이 간주하는 사람)이 떠받들어지는 것을 보고 '역시 외모가 갑이야. 나 같은 건…'이라고 생각하거나, 화려한(그렇게 세상이 생각하는) 경력을 가진 사람을 보고는 '역시, 이런 경력이 없으면 안 되는구나.' 하고 생각합니다.

'좋겠다'가 아니라 '마음에 안 드는 세상(화젯거리)이로구나.'라고 여기면 됩니다. 어차피 타인의 망상입니다. 속된 가치관으로 가득한 세상을 통째로 내칩시다.

2. 관계를 유지하지 않는다

속된 가치관(망상 영역)을 강요하는 '인간'과도 거리를 둡시다. 사람이야말로 압도적으로 영향력이 강합니다.

한 삼십대 남성은 대학 입시 실패를 질질 끌고 있었습니다. 본인이 말하기를 '속물투성이인 친척들'이 열등감의 원인이라고 합니다. 친척들이 학력 이야기를 아주 좋아해서 모이기만 하면 누가 어느 대학에 갔다느니, 올해 ○○대학 합격자 수는 몇 명이라느니 하는 이야기가 반드시 나온다는 것입니다.

"만날 때마다 비교당하는 것 같아서 비참한 기분이 들어요." 이렇게 말합니다.

불쾌한 일을 겪는 원인은 속된 가치관을 강요하는 친척들입니다. 바로 '상대 발신 화!' 그렇다면 말하면 됩니다. "제 앞에서 그런 이야기는 안 했으면 좋겠어요." 하지만 속물의 가치관(망상)은 쉽게 사라지지 않습니다. 이야기해봤자 다들 '멍'한 표정을 지을 것입니다. 전해지지 않는다는 사실을 알았다면, 자신이 그들과 어떤 관계로 지낼 것인지 결정할 차례입니다.

남성은 최대한 관여하지 않는 방법을 택했습니다. 휴일에는 취미인 낚시를 즐기고, 연말연시에는 온천 순회를 다니다 보니 즐거운 날들이 늘었다고 합니다. 대단히 성공적입니다.

"하지만 회사 일은 멀리할 수도 없잖아요. 자꾸 저보다 우위를 점하려는 사람이 직장에 있는데, 저를 노골적으로 얕잡아봐요." 이런 고민을 하는 사람도 있습니다. 그런 상대한테는 기술을 사용합니다.

부당한 차별이나 간섭(괴롭힘)에 해당하지 않는 한, 타인의 말은 그저 '소리'요, 그 모습은 그저 '풍경'일 뿐입니다. 그 사람은 인정 욕구를 망상으로 채우고 있을 뿐입니다.

인간은 정말 망상으로 가득한 생물입니다. 안타깝지만 그렇습니다. '어쩔 수 없다. 적어도 자신의 의무를 다하자.' 그런 생각으로 너그럽게 봐줍니다.

하지만 아무리 해도 스트레스가 계속 쌓이거나 불이익을 당하는 지경에 이르면, 더 강력한 기술을 사용합니다(스테이지5~7). 어찌 됐든 지는 일은 없습니다.

3. 자신을 부정하는 말을 없앤다

자신을 부정하는 사람은 평소에 하는 망상 때문에 그런 것입니다. '어차피 나는….' '나는 그것이 없으니까.' '그것만 있으면 나도…' 이런 말을 뇌리에 새기면서 스스로 자신을 해칩니다. 이것만큼은 스스로 극복하는 수밖에 없습니다. 자신을 부정하는 말을 다시는 하지 마세요. 말은 저주와도 같습니다. 부처의 기술로 '정화'하세요.

'어차피 나는…'이라는 생각이 들면 '이것이 저주(판단) 구나!' 하고 알아차릴 것.

그리고 강하게 '나는 나를 긍정한다!' '나에게 망상은 필요 없다!'라고 생각하면서 그 저주를 물리치세요.

짐작하는 것처럼, 망상을 베어내지 못하면 '어차피 나는' 을 정화할 수도 없습니다. 그러니 부처의 기술을 구사하여 '망상 베기'에 도전하는 것입니다(스테이지2).

세상을 더 신뢰해본다

열등감이란 자기 스스로를 누구보다도 더 '나는 열등 하다'라고 판단하고 있는 상태입니다. 가장 강하게 망상하고 있는 사람이 바로 자기 자신이라는 말입니다.

그럼 '이 망상을 떨쳐버리면 과연 다른 사람들은 나를 어떤 식으로 보게 될까?'라고 상상해보세요.

사람들이 다 같은 가치관을 따르지 않기에 세상이 재미있는 법입니다. 자신이 콤플렉스라고 생각하는 것을 크게 신경 쓰지 않는 사람도 세상에는 많습니다.

개인적인 거라 부끄럽지만, 제가 삼십대에 방문한 절에는 "세상에서 가장 얕보이는 사람이 되고 싶다."라고 진지하게 말하는 스님이 있었습니다. 나중에 알게 된 사실인데, 불교 세계에는 옛날부터 자신의 어리석음과 깊은 죄를 자각하고 자신은 '저하低下에 해당하는 인간'이라고 평가하는 수행자들이 많았습니다. '저하'란 비굴해진다는 말이 아닙니다(그것은 판단의 일종입니다).

그게 아니라 무심코 자신의 편의에 따른 망상을 펼쳐 우쭐대고 마는 자아를 훈계하는 말입니다. 목적은 '삼가는' 것입니다. 욕심과 망상에 조심하고 가장 양질의 마음을 유지하는 것입니다. 자신다움은 그대로 두면서 인정 욕구로 생긴 불만을 모두 해소할 수 있는 마음가짐입니다.

> 화를 내지 않고 다른 생명을 괴롭히지 않도록 마음을 삼가는 것은 즐겁다.
> 탐욕에서 자유로워져 욕망에서 멀리 떨어진 곳에 마음을 두는 것은 즐겁다.
> '자신이 어떻다'라는 의식을 버려 자유로운 것에서 최고의 쾌감을 느낀다.
> — 부처 각성의 말, 《대품》

고백하자면 저 자신이 똑똑한 아이 멘탈에 크게 실망했던 시기가 있었습니다. 한때 헤매다 들어갔던 곳에는 주변 사람들과 경쟁해서 자신의 자존심을 사수하려는 똑똑한 아이 멘탈의 끝판왕 같은 사람들이 밀집해 있었기 때문입니다. 세상이 변하지 않는 이유를 알 것만 같았습니다.

그 후 부처의 가르침을 만나 우월하지도 열등하지도 않은, 완전히 세상의 가치관에서 자유롭고 독립적인 삶의 방식을 알게 되었습니다. 똑똑한 아이 멘탈을 졸업하면 얼마나 밝은 세상이 열릴까요?

이번 스테이지에서 소개한 많은 기술은 제가 경험을 통해 실증한 방법입니다.

아무려면 어떻습니까. 이 세상이 똑똑한 아이 멘탈이라는 망상으로 가득하다고 해도 말입니다. 일단은 자신부터 놓아보는 것입니다.

그러면 이 세상에는 전혀 다르게 사는 사람도 많다는 것을 알게 됩니다. 상냥한 사람, 배려할 줄 아는 사람, 성실하게 일하는 사람, 묵묵히 사회에서 제 역할을 다하고 있는 사람, 그리고 순수하게 인생을 즐기는 사람들이 많습니다.

세상을 신뢰해보는 것입니다.

분명 이 세상은 그 신뢰에 답을 줄 것입니다.

이번 스테이지에서 똘똘한 아이 멘탈을 다룬 것은 요즘에 그만큼 인정 욕구에 휘둘려 스트레스를 받는 사람이 많기 때문입니다.

망상으로 가득한 사회는 사람의 인정 욕구를 지나치게 부추기며, '공부 잘하는 똘똘한 아이'라는 것 하나만으로도 가치가 있는 것처럼 생각하게 하는 풍조를 의심하려 들지 않습니다. 그 결과 인정 욕구의 자기만족에 멈춰 있는 사람과 자신의 가치를 믿을 수 없게 된 사람, 그리고 폐쇄된 사회만 남게 되었습니다. 가치관이라는 사회의 뿌리가 칭칭 얽매여 있기 때문입니다.

그런 사회의 모습과 삶의 방식에 의문을 느낀 사람부터 마음속으로 결별해야 합니다. "망상이다." 하고 눈을 뜨세요. 당신 한 사람이 눈을 뜨면 사회에 한 사람분의 '정상'이 늘어납니다. 그리고 진실에 눈을 뜨세요.

인간은 살아가는 것만으로도 충분히 훌륭합니다.

이 사회에서 하나의 역할을 다하고 있다면 당신에게 부족한 것은 아무것도 없습니다.

당당하게 긍지를 가지고 살아가세요.

인생의 '오래된 화'를 놓다

과거의 화에
마침표를 찍자

인생에는 반드시 끝이 옵니다. '그때 나는 어떤 생각으로 살고 있을까?' 하고 상상해보세요.

미래의 자신을 상상하는 것은 어렵지 않습니다. '지금 하는 생각'을 보면 미래를 알 수 있습니다. 만약 지금도 사람이든, 과거든, 나 자신이든, 어느 하나라도 화를 놓지 못하고 있다면, 거의 확실하게 미래에도 '화' 속에 있을 것입니다.

인생의 끝이 화라면? 그건 너무 쓸쓸하지 않을까요?

대신 평온함, 상냥함, 즐거움이나 감사와 같은 밝은 생각으로 지내고 싶지 않나요?

그러기 위해서는 놓아야 할 생각이 몇 가지 있습니다. 과거로 거슬러 올라가는 '오래된 화'를 놓을 준비를 합시다.

잊을 수 없는 것은 '오만'해서?

사람은 왜 나이가 들어도 계속 화를 품고 있는 걸까요?

그 이유가 오만(자만) 때문일지도 모른다고 하면 어떤 느낌이 드나요? 의외일까요?

냉정하게 생각해봅시다. '나는 지금도 살아 있다, 살아갈 수 있다, 그런데 불만이 있다.' 어째서일까요?

'있는 게 당연하지. 하지만 나에게는 아직 손에 넣지 못한 게 있어. 그게 불만이야.'

'갖고 싶었던 게 있어. 하지만 아직 수중에 없어. 그게 용서가 안 돼.'

이것이 마음속 깊은 곳에 있는 진심일지도 모릅니다.

그러나 있는 것을 당연하게 여기고, 없는 것에 불만을 느끼는 것은 어쩌면 너무나도 오만한 생각일지 모릅니다.

'이런 나에게 아직도 없는 것이 있다니, 괘씸하군. 그도 그럴 것이 내가 원하고 있는데 말이야…' 이런 생각이 정말로

'없다'고 말할 수 있을까요?

사람은 살아갈 수 있음에 안주하여(당연시하여) '더'를 바라며 지금에 불만을 느낀다! 부처는 이런 인간의 모습에서 '교만'을 보았습니다.

사람은 자신이 늙어가는 생물이면서도 나이 먹는 것은 싫다고 생각한다.
자기도 병에 걸려 죽어가는 몸을 가지고 있으면서도 병자는 싫다,
죽고 싶지 않다고 생각한다. 머지않아 자신도 반드시 그렇게 될 것임에도.
이 진실을 깨달았을 때 젊고 건강하고 쾌적하게 지냈던
자신의 자만은 날아가 버렸다.

- 부처 젊은 날의 회상, 《증지부》

'결국에는 잃을 운명임에도 그 사실을 직시하지 않는 것을 당연하게 여기고, 잃는 것을 혐오하며, 이미 잃은 사람을 업신여긴다.' 이런 자신의 자만에 젊은 날의 부처는 충격을 받은 것입니다.

오만의 끝은 '고독'

사람이 빠지기 쉬운 또 다른 자만(오만)은 '자신은 무엇

을 해도 용서받을 수 있다.'라는 오만입니다. 이 오만도 '상실'을 초래합니다.

무엇을 잃는가 하면 사람들과의 연결고리입니다.

여든이 넘은 어떤 남성이 시설에서 울고 있었습니다.

"저는 화로 가족을 잃었습니다. 지금은 외톨이예요."

투명한 눈물을 흘리고 있다는 점이 인상적이었습니다. 더일찍 이렇게 솔직하게 울 수 있는 사람이었더라면 가족에게 버림받지는 않았을지도 모릅니다. 조금 더 겸허하게 다른 사람을 배려하는 노력을 해왔다면, 다른 오늘에 이르렀을지도 모릅니다. 그러나 과거의 자신이 선택한 것은 '자신은 무엇을 해도 용서받을 수 있다.'라는 자만이었습니다. 자신의 젊음과 건강과 체력뿐만 아니라 인연이 닿아 함께 있어 준 사람들까지도 결코 잃을 일은 없을 거라고 자만했습니다.

그렇기에 제멋대로 살면서 곁에 있는 사람에게 상처를 주고도 아무렇지 않았던 것입니다.

결과적으로 고독에 이르렀습니다. 이제 와서 곁에 있어 달라고 해도 아무도 돌아오지 않습니다.

자만이 초래하는 것은 고독입니다.

고독에는 행복한 고독과 그렇지 않은 고독이 있습니다. 흥미롭게도 오만한 사람일수록 불행한 고독에 이릅니다.

미래는 지금 무엇을 생각하느냐에 따라 달라집니다. 인생을 마무리하며 "고마워요. 덕분에 행복한 인생을 보냈어요."라고 말할 수 있도록 지금부터 생각을 바꾸어간다! 이것은 어려운 일일까요?

> 자만심을 버려라. 그대는 오만에 사로잡혀 오랫동안 후회하지 않았는가.
> 사람은 세상의 허위와 허영에 속아 우쭐해지며 자신의 자만심에 무참하게 당한다.
> 화에 휘둘리지 말고 자만심에 놀아나지 말며 맑은 마음으로 살아가라.
> - 오만한 브라만이었던 왕기사 장로의 자게, 《장로게》

과거의 화를 송두리째 끊으려면

하나 더 놓았으면 하는 것이 있습니다. 바로 '과거의 화'입니다.

사람은 좀처럼 과거의 화를 놓지 못합니다. 자꾸만 먼 과거의 일이 떠오르고, 또 화가 치밀어오릅니다. 다른 사람을 원망하거나, 후회하거나, 사소한 일을 집요하게 떠올리고는 화를 냅니다. 이것도 '자기 발신 화'입니다.

평온함이 곁에 있는데, 왜 불만인 것만 생각하고 있나요?
어디에도 적이 없는데, 왜 당신은 많은 적을 데려오는 것일까요?
- 왕비 수메다의 출가, 《장로게》

과거의 화를 질질 끈다는 것은 ① 기억에 ② 화로 반응하는 상태입니다. 다만 기억은 망상에 불과합니다. 망상에 반응해서 화라는 감정을 만들어내고 있는 셈입니다.

따라서 과거의 화를 놓는 것은 원리만 놓고 보면 간단합니다. '어차피 기억은 망상이다.'라고 이해하며 망상을 조금씩 놓는 것입니다. 몇 가지 기술을 들어볼까요?

1. 감각을 자기 편으로 만든다

기억이라는 망상을 버리려면 몸의 감각을 활용하는 것이 가장 좋습니다.

우선은 아무 생각 없이 걷습니다. 가만히 있으면 과거라는 이름의 망상에 사로잡힐 뿐입니다. 힘차게 내딛으면서, 백 보, 천 보, 만 보, 더 나아가 앞으로 계속 걸어갑니다(스테이지2). 힘껏 밟은 대지의 감각 속에 과거는 없습니다. 화도 없습니다. 걸음으로써 과거를 베어버립니다. 망상이 사라지고 대지의 감각과 하나가 될 때 '이 순간 화는 존재하지 않는다.'는 진실을 알게 됩니다.

2. 마음을 보는 습관을 들인다

다른 하나는 마음을 관찰하는 습관을 기르는 것입니다.

계속 짜증을 내는 사람조차도 주의해서 보면 화를 잊고 있는 시간이 꽤 됩니다. 멍하니 망상을 하느라 알아채지 못할 뿐입니다. 문득 생각이 났을 때라도 좋으니 마음의 상태를 보세요. 그러면 화를 잊고 있는 마음의 상태를 알아차리는 순간이 있을 것입니다.

'지금 내 마음에 화는 존재하지 않는다.' 이렇게 알아차리는 횟수가 늘어나면 '화가 존재하지 않는 마음을 떠올릴 수 있게' 됩니다. 그만큼 전환도 빨라집니다.

3. 잘 잊는 것을 목표로 한다

화가 부활하는 이유는 떠올리기(무심코 기억을 되살리기) 때문입니다. 그러니 적극적으로 잊으세요. 무언가에 화가 나면 '어차피 잊을 거야. 그러니까 신경 쓰지 않겠어.'라고 깔끔하게 결론짓습니다. 문득 생각이 날 것 같은 순간이 승부처입니다. 일부러 쫓아가지 마세요.

'무슨 일이 있었던 것 같은데? 뭐, 됐어. 이대로 잊어버리자.'

'잊어버렸어!'로 망상에 최후의 일격을 가하세요.

4. '이 순간에 화는 존재하지 않는다'는 사실에 눈뜬다

원래 하루 중 정말 화를 내야 하는 시간은 얼마 되지 않습니다. 누군가와 다투었다고 해도 화장실에 가거나 목욕을 하면서까지 화를 낼 필요는 없습니다. 눈앞에 사람이 없으면 화내지 않아도 되는 시간이라고 생각하세요.

'이 시간에는 화낼 이유가 없다.' '지금 이 시간에 화는 존재하지 않는다.' 하고 깨어나세요.

마음에 샘솟는 생각 하나하나를 사티로 정화하라.
미련과 오만이라는 망상에서 벗어나라.
망상이 사라졌을 때 하루하루를 쾌적한 마음으로 보낼 수 있다.
- 아난다 장로의 조언, 《장로게》

5. '내일이 되면 이미 없을 텐데'라고 생각해본다

마지막으로 다시 한번 미래를 바라봅니다. 인생에는 끝이 옵니다. 자신뿐 아니라 이 세상에 사는 모든 인간에게 말입니다. 과거에 마주쳤던 '그 사람'도 가까운 미래에는 더 이상 존재하지 않을지 모릅니다. 오늘 태어난 아이라도 백 년 후에는 존재하지 않을지 모릅니다.

사람은 다른 사람을 심판하고 화내며 증오를 불태웁니다. 평생 원망하기도 합니다. 그러나 화를 불태우든 불태우지 않든 그 타인도 결국 사라집니다. '머지않아 사라진다!' 그렇다면 화를 낼 필요가 있을까요?

무엇을 위해서? 내일이 되면 다른 사람도 나도 존재하지 않을 텐데….

> 진정한 가치가 있음을 알아차리지 못하는 자는 다른 사람에게 화를 내거나 원망한다.
> 아아, 인생은 이렇게나 짧은데….
>
> – 미움에 대하여, 《출요경》

'집착 열차'에서 뛰어내려라

사람의 마음은 집착을 합니다. 얻은 것에, 사람에게, 과거라는 망상에.

시시각각 시간은 흐르고, 세상은 변하고, 인생은 확실하게 종언을 향해 가고 있는데 집착만은 멈추지 않습니다. 그래서 '부족한 자신'을 탓하고, '본의 아니게 일어났던 과거'

에 화를 불태우고, '용서할 수 없는 그 사람'을 원망하며 죽을 때까지 계속 화를 냅니다.

비유하자면, 창문을 가려놓은 좁은 열차에 갇혀 있는 것과 같습니다. 집착이라는 이름의 검은색 열차입니다.

바깥 경치는 집착에 가로막혀 보이지 않습니다. 화를 내야 할 무언가를 떠올리는 그 망상을 연료로 열차는 계속 달립니다. 고장이 나서 멈출 때까지 계속 화를 냅니다.

> 집착에 사로잡힌 사람은 어둠 속에 갇혀서 무언가를 손에 넣으면 해결할 수 있다고 믿는다. 그리고 폐쇄된 장소에 계속 머무른다.
> - 자주 보는 것, 《출요경》

'자신은 어두운 집착 열차에 갇혀 있다.' 이렇게 알아챌 수 있는지 없는지에 대한 이야기입니다.

'이대로 마구 달리다 끝날 것인가?' '이렇게 어두운 데다 좁고 숨 막히는 곳에 갇혀서 일생을 마감할 것인가?'

'싫어!' 이렇게 생각한 사람은 "이얏!" 하고 작정하고 뛰어내릴 수밖에 없습니다.

흥미롭게도 뛰어내리면 발이 땅에 닿습니다. 새로운 역사의 홈에 서 있습니다. 올려다보면 푸른 하늘을 배경으로 나

비와 새들이 춤을 추고 있습니다. 하얀 구름이 흐르고 야산과 개울이 반짝이며 빛납니다. 너무나도 평온하고 쾌적한 세상입니다. 그리고 이렇게 생각하는 것입니다.

'뭐야, 이쪽이 진짜 인생이었잖아.'

> 마음의 방해를 극복했을 때 사람은 빛이 사라진 것처럼, 병이 치유된 것처럼, 감옥을 벗어나 자유로워진 몸이 된 것처럼 해방을 느낍니다.
> 온몸이 기쁨과 평온함으로 가득 찬 최고로 자유로운 경지에 이릅니다.
> - 정통한 자의 공덕, 《장부》

'지금이 행복하다'면 전부 없었던 일

───────

과거에 만났던 누군가에게 지금도 여전히 화가 난다면 어떻게 해야 할까요? '상대(타인) 발신 화'에 사용할 수 있는 기술은 세 가지가 있습니다.

하나는 **돌려주는** 것입니다. 지금도 그 화에 전할 가치가 있다고 생각한다면 당사자에게 이야기합니다. 과거의 일과 지금의 생각에 대해 이해시킵니다.

다른 하나는 **흘려버리는** 것입니다. 가벼운 화라면 이미 먼 과거, '그런 일도 있었지.' 정도의 일일 뿐입니다. 만약 지금도 여전히 '그 사람'이 뇌리에 맴도는 것 같다면, 그것은 망상의 잡동사니에 지나지 않습니다. 흘려버리기 기술을 써서 사라지도록 합니다.

마지막으로, 기술이 하나 더 남아 있습니다. 그건 바로 자기 자신이 지금을 행복하게 사는 것입니다.

행복과 화는 서로 모순되는 감정입니다. 만약 오늘을 행복하게 살고 과거라는 망상을 잊을 수 있다면, 더 이상 '그 사람'도 화도 마음에 들어오지 않게 됩니다. 좋은 의미로 지울 수 있습니다. 그래도 여전히 화를 내고 싶다면 아직 집착에 사로잡혀 있다는 의미로, 이제는 '자기 발신 화'인 셈입니다. '행복해지면 다 사라질 텐데…' 안타까운 일입니다.

과거의 화와 지금의 행복, 내일이 있는 한 우리는 언제든지 선택할 수 있습니다.

> 예전에 만난 사람들은 이미 떠났고,
> 새로운 사람들은 내게서 먼 곳에 살고 있다.
> 나는 오늘도 혼자서 알아차림을 구사하며 맑은 마음을 유지하고 있다.
> 쏟아지는 비에도 둥지 안에서 평온하게 지내는 새처럼.
> – 사리불 장로·말년의 말,《장로게》

화를 놓을
비장의 카드는 '자애'

또 하나가 있는데, 어쩌면 이것이 가장 어렵지만 가장 강력한 기술일지도 모릅니다.

가령 트라우마에 가까운 과거를 선명하게 기억하면서, 이를 떠올리는 순간 격렬한 화에 휩싸이게 되는 그런 강한 화가 남아 있다고 칩시다.

'이런 과거의 화를 어떻게 마주할 것인가? 어떻게 놓을 것인가?'

여기서는 제 경험을 통해 이야기하도록 하겠습니다.

제가 과거의 화와 대결한 것은 삼십대 중반의 일입니다. 저는 미얀마에 있는 한 명상 도장에 있었습니다.

그곳에서 저는 한 사람, 과거의 사람, 바로 저의 아버지와 마주했습니다.

제 아버지는 열등감덩어리로, 다른 사람에게 비웃음을 당하고 있는 것은 아닌지 병적으로 신경 쓰는 사람이었습니다. 주변 사람들이 아무것도 하지 않아도 제멋대로 자기를 바보 취급을 한다고 생각하며 격앙되어 폭력을 휘두르는 성가신 사람이었습니다.

그런 아버지로부터 어린 시절 어떤 취급을 받았는지를 저는 나이가 들어서도 또렷하게 기억하고 있었습니다.

아니, 명상을 하면서 제가 기억하고 있다는 그 사실을 알게 되었습니다. 그전까지는 이미 오래전에 잊었다고 믿고 있었으니까요.

부처의 명상이란 마음에 솟아오르는 생각을 깊이 파고드는 것입니다. 눈을 감고 외부의 자극을 차단하면 점차 기억이 또렷하게 떠오릅니다.

어느 날은 갑자기 초등학교 때 당한 굴욕적인 일이 생각났습니다.

'앞으로 10년만 지나면 무조건 집을 나가겠다.'라고 결심하게 된 사건입니다.

명상 중에 되살아나는 기억은 무서울 정도로 사실적입니다. 마치 당시의 자신에게 숨어 들어간 것처럼 그 장면이 재현됩니다. 굴욕과 화가 마치 지금 느끼고 있는 것처럼 치밀어오릅니다.

'만약 과거를 뛰어넘고 싶다면 이 화를 놓아야 한다. 화의 원점이 된 사건이 바로 지금 눈앞에 펼쳐져 있다. 어떻게 받아들일까?' 이것이 자신의 과제입니다.

명상이란 퇴로를 차단하고 자신의 마음을 바라보는 것입니다. 오락으로 기분 전환을 하거나 잊은 척은 할 수 없습니다. 정면으로 과거와 대치해야 합니다. 화를 돌려주어서도 안 됩니다. 그러면 과거를 반복할 뿐이기 때문입니다.

하지만 지금 마주하고 있는 사람은 작고 어린 과거의 나입니다. 정면에는 거대한 아버지가 버티고 있습니다. 당시에는 큰 타격을 입기 쉬웠는데, 먼 미래에 도달한 지금도 그건 마찬가지였습니다.

되살아나는 기억 속에서 다시 굴욕과 화에 압도당하며 끝이 났습니다. 어느덧 완전히 과거로 돌아가 있었습니다. 거기에 있는 것은 아이였던 나 자신이었습니다.

꼭두새벽부터 늦은 밤까지 '대결'은 계속되었습니다. 도대체 어떻게 마주해야 할지 전혀 알 수가 없었습니다. 과거로 되돌아간 순간 격렬한 화에 사로잡혀 꼼짝도 못 하게 됩니다. 기억하는 대로 똑같은 결과를 다시 경험합니다. '기억은 망상에 지나지 않는다.'라고 생각할 수는 없었습니다. 화의 맹렬한 불길은 압도적입니다.

대결은 일주일 정도 이어졌습니다. 바깥세상과 차단된 환경에서 곤두세운 집중력으로 하루 종일 자신의 마음과 마주합니다. 하루가 일 년, 십 년, 아니 그 이상의 긴 시간처럼 느껴집니다. 마치 화를 가지고 태어나서 화를 가진 채 죽어가는, 그렇게 몇 번이고 다시 태어나 같은 고통을 맛보는 듯한 시간이 지나갔습니다.

무수한 싸움을 되풀이하는 가운데 점차 '기억에 반응하고 있는' 자신을 객관적으로 볼 수 있게 되었던 것인지, 어느 순간 아주 조금, 마음에 여유가 생겼다는 것을 알아차렸습니다.

그때 바라기 시작한 것이 '자애'였습니다. 모든 생명의 행복과 평온을 진심으로 바랐습니다. 화에 휩쓸릴 것 같았지만, 참고 버티며 필사적으로 자애를 계속 염원했습니다.

아버지였던 사람이여, 당신이 행복하게 살아가길….

이런 생각을 한 마지막 순간, 기억이 저 멀리로 멀어져 가는 것을 알 수 있었습니다.

아버지였던 그 사람도, 굴욕과 화에 불타고 있는 어린아이였던 저 자신도 사라져 갔습니다.

> 살아 있는 모든 것이 행복하도록, 재난이 없도록,
> 평온하도록, 그렇게 늘 염원해 보라.
> 이 세상을 향한 원망과 적대감, 의심처럼 가로막는 생각이 없는,
> 열린, 맑은 마음이기를, 그렇게 자신에게 기원하여 보라.
> - 자애의 가르침, 《경집》

이 세상을 '강하게' 살아가다

'살아가는' 것을
결의하자

화는 꽉꽉 버립니다. 지금까지 얻은 기술을 사용하면 거의 모든 화를 베어내 버릴 수 있습니다.

인생에 반드시 끝이 있다면 끝까지 끌어안아야 할 화는 거의 없을 것입니다. 다만, 어쩌면 인생의 마지막까지 이어지는 화가 하나 있을지도 모릅니다.

그것은 오래된 화가 아닙니다. 현재진행형인 화입니다. 불합리한 세상, 고통을 강요하는 타인과의 싸움으로 인한 것입니다. 아무리 기술을 써서 오래된 화를 잘라내도 살아 있는 한은 이 세상에 머물러야만 합니다. 다른 사람과의 관계를 모두 끊고 살 수는 없으니까요.

결국 인생의 마지막까지 계속될 가능성이 있는 화는 관계 속의 화입니다.

불교식 싸움에 대한 마음가짐

———

관계 속의 화는 언제 시작될지도, 언제 끝날지도 모릅니다. 누구나 평온하게 살고 싶지만, 불합리한 현실은 불시에 찾아옵니다.

성가신 이웃, 이해해주지 않는 혈육, 경직된 조직, 폐쇄된 사회, 휘말려버린 사고나 범죄, 악의가 가득한 말, 따돌림이나 괴롭힘, 그 밖의 부당한 대우, 심지어 유산 싸움의 아수라장까지. 이 세상(이런 세상 속)에 사는 한 피할 수 없는 일들이 때때로 일어납니다.

'방치하면 고통이 계속된다.'와 같은 경우에는 최후의 수단, 즉 '이해시키기 위해 싸운다.'를 사용합니다.

지금부터 이야기하는 것은 이 살벌한 세상에서 살아가고자 하는 모든 이들에게 보내는 응원입니다.

만약에 당신이 '이해시키고자 하는 싸움'을 맡아야 할 때가 오면 다음과 같은 진실을 잊지 마세요.

1. 애초에 내가 만든 문제가 아니다

예를 들어, 마당에 돌이 던져졌다고 합시다. 당연히 불쾌한 생각이 들 것입니다. 그러나 돌을 던진 것은 타인이지 내가 아닙니다. '나는 관계없다.'

다른 사람에게 괴롭힘이나 부당한 압박을 받았다든지, 무례한 말을 들었을 경우에도 마찬가지입니다. 상대편 과실로 인한 사고와 같은 것이지, 내가 잘못한 게 아닙니다.

'나는 잘못하지 않았다. 다른 사람이 몰고 온 것이다.' 이렇게 이해하면 됩니다. 다만 '마당', 그러니까 바깥세상과 이어진 곳이 더러워졌을 뿐입니다. 자신이 있는 곳은 '집 안'입니다. 그 안까지 더럽혀진 것은 아닙니다.

'나의 마음은 더러워지지 않았다.' '나는 상처받지 않았다.' 이렇게 생각하면 됩니다.

2. 기간 한정으로 어울리고 있을 뿐

마당에 돌이 던져지면 치워야 합니다. 확실히 귀찮기도 하고 화도 나지만 치우면 끝납니다.

다른 사람과의 문제도 똑같이 말할 수 있습니다. 악의에 찬 소문이나 중상 비방, 성가신 분쟁이나 재판 사건 등등. 이런 일이 계속되는 동안은 마음이 무겁겠지만, 언젠가는 반드시 끝납니다.

한정된 기간 동안만 어울릴 뿐입니다. '어차피 지금만 그럴 뿐인 이야기다.' 하고 깔끔하게 받아들여 보세요.

3. 아무것도 잃지 않았다

끝까지 이해시키지 못하는 사람도 분명히 있습니다. 하지만 알아주는 사람도 많습니다. 내 편이 되어 주는 사람, 부탁하면 도와주는 사람은 생각보다 많은 법입니다.

비록 돌을 던진 사람에게 생각이 전해지지 않더라도 우리 집도, 출입하는 사람도, 아무것도 잃지 않았습니다. 많은 것들이 남아 있습니다. 그러니 이렇게 생각하세요.

'이 정도는 괜찮아, 나는 받은 게 많아, 주위에 좋은 사람도 많아.'

그리고 다음과 같은 생각을 끝까지 관철하세요.

나는 화를 내지 않아도 되는 세상을 되찾고 싶을 뿐이다.

어떻게 이해해줄 수 없을까?

그 마음 하나로 계속 나아가는 것입니다. 힘들 때일수록 올바르게 사세요. 우리 편은 반드시 있습니다.

결국 싸움은 끝난다.
그러니…

모든 인생에는 끝이 옵니다. 따라서 싸움에도 끝이 있습니다. 그러니 이렇게 생각합시다.

결국 싸움은 끝난다. 그러니 싸움을 말자.

싸움을 말는 것은 그대로 두면 고통이 이어지기 때문입니다. '내가 고통받는다, 다른 누군가가 고통받게 된다, 그런 현실을 방치할 수는 없다.'
이렇게 생각될 때는 '이해시키고자 하는 싸움'에 나섭니다.

다른 사람에게 상처를 줄 목적이 아닌 한 잘못하는 일이 아닙니다. 당당하게 싸웁시다.

결국 싸움은 끝난다. 그러니 빨리 쓸데없는 화를 놓자.

인생의 끝에서 돌아보면 남은 화의 대부분은 가치가 없습니다.

그렇다면 인생을 사는 동안 품고 있던 화도 무의미한 것입니다. 차례차례 놓도록 합시다.

결국 싸움은 끝난다. 그러니 진정한 자신을 잊지 말자.

인생의 마지막에 되찾는 것은 화가 존재하지 않는 마음입니다. '즐거운 것을 즐겁다고 생각하게 된 나, 다른 사람을 믿을 수 있었던 나, 아름다운 것에 감동할 수 있었던 나, 솔직하게 웃었던 나!' 이런 '진정한 나'를 마지막에 떠올릴 수 있도록 지금부터 양질의 마음을 키워둡니다. 그리고 과거에서 가치 있는 추억을 골라 하나씩 모으세요.

설령 아무리 힘든 인생일지라도 여기까지 살아올 수 있었다는 것은 반드시 누군가를 만나 무언가를 받았다는 뜻입니다. 그 사실을 떠올립니다.

　마지막에는 이렇게 해서 되찾은 '진정한 나'로 돌아가도록 합시다.

> 자유를 위한 가능성은 내일 죽음으로 인하여 잃을지도 모른다.
> 끝이라는 운명에 이길 수 있는 자는 없다.
> 그렇기에 지금을 올바르게 사는 것이다.
>
> － 하룻밤의 고요한 성자, 《중부》

마지막 생각은 스스로 선택한다

━━━━━

　미래의 생각은 지금 하는 생각 앞에 있습니다. 그렇다면 지금부터 미래의 생각을 준비해둡시다. '어떤 생각이라면 행복을 느낄 수 있을까?' 이 한 가지만을 지금 상상하는 것입니다.

　이런 생각이 미래에 남는다면 어떨까요?

　여러 어려움과 실패도 있었지만 나쁜 인생은 아니었다.

　즐거운 일도 있었고 좋은 사람들과도 만났다.

　수많은 사람들의 도움을 받은 인생이었다.

덕분에 지금까지 살 수 있었다.

살기를 잘했어.

> 도를 살아가는 자들이여, 저 강을 흐르는 통나무가 양 기슭에 닿지 않고,
> 도중에 가라앉지 않고,
> 강 가운데 쌓인 모래톱에 올라앉지도 않으며, 사람에게 빼앗기지 않고,
> 소용돌이에 휩쓸리지도 않으며,
> 도중에 썩어 문드러지는 일도 없으면,
> 머지않아 반드시 넓은 바다에 다다를 것이다.
> 사람도 마찬가지다. 도중에 머무르지 않고 나아간다면,
> 마지막에는 반드시 평온함에 도달할 수 있다.
>
> — 흘러가는 통나무의 비유, 《상응부》

부록 '멘탈 아츠 – 제대로 화내는 기법' 정리

초급편

**스테이지1
나눈다**

1. 화의 원인을 나눈다: 자기 발신인가, 상대 발신인가
2. 상대 발신 화는 돌려주거나, 흘려버리거나
3. 돌려줄 정도는 아닌(그 정도의 가치는 없는) 화는 빨리 흘려버린다
4. 돌려주어야 할 화는 생각을 정리해서 이야기한다

**스테이지2
피한다**

1. '멀어지는 것'이 이기는 것: 되도록 거리를 둔다
2. '잊는 것'이 이기는 것: '–라고' 말 붙이기, 심호흡하기, 손에서 힘 빼기, 천 보 걷기 명상
3. '활용하는 것'이 이기는 것: 불쾌한 일은 즐거운 일로 잊는다

중급편

**스테이지3
좁힌다**

1. 화가 치밀어오르면 '망상 영역'을 알아차린다
2. 현실은 반응하는 것이 아니라 적절하게 대처하는 것
3. 보는 범위를 좁힌다: 타인의 모습은 될 수 있는 한 보지 않는다

**스테이지4
태세를 취한다**

1. 자신의 형태를 만든다: '사티'로 마음을 관찰하고 '라벨링'으로 사실 확인
2. 말로 선을 긋는다. '당신에게는' '나에게는'

상급편

**스테이지5, 6
판별한다**

1. 발바닥 파워 발동! 보는 순서는 '다리→가슴→상대'
2. 타인의 말은 소리, 모습은 풍경: 바라보기만 할 뿐
3. 말을 통해 생각을 꿰뚫어본다: 그 사람의 본질(마음속 생각)은?
4. 자신이 답을 낸다: 어떤 관계로 지낼 것인가

스테이지7
관찰한다

1. 이해해주는 사람을 찾는다, 늘린다
2. 사람의 마음은 망상, 이 세계는 '망상의 바다'
3. 자신이 올바르게 살 수밖에 없다

스테이지8
놓는다

1. 똘똘한 아이 멘탈은 언제 졸업해도 괜찮다
2. 세상의 가치관으로부터 자립한다
3. 세계를 더욱 신뢰해본다: 관계를 유지할 사람을 고른다

스테이지9
흘려버린다

1. '오래된 화'를 놓는다
2. '지금이 불만'은 오만의 증거
3. 망상 베기: 감각으로 벤다(천 보 걷기 명상),
   마음을 본다, 깔끔하게 잊는다
4. '인생을 마무리하는 생각'은 지금부터 준비해둔다
5. 마지막 비장의 카드는 '자애(집착을 흘려버린다)'

최상급편

최종 스테이지
싸운다

1. 불합리한 현실에는 이해받고자 할 뿐
2. '내가 만든 문제가 아니다. 기간 한정 교제'
3. '나는 아무것도 잃지 않았다.'

하산하기

'멘탈 아츠 - 제대로 화내는 기법'을 능숙하게 구사할 수 있는 사람은 이미 화에서 자유로운 사람입니다.

평온함을 향해 지금부터 걸어나가 봅시다.

화가 존재하지 않는
세상을 위해

부처의 가르침을 소개하는 책에서 '싸움'이라는 말이 나와 의외라고 생각하는 사람도 있을 것 같습니다. 굳이 싸움이라는 강한 말을 쓴 데는 이유가 있습니다.

첫 번째 이유는, 현실 세계는 화가 날 수밖에 없고, 화를 내야 하는 일이 많기 때문입니다. 하지만 불합리한 현실에 제대로 화를 낼 수 있는 사람은 많지 않습니다.

많은 사람이 화를 꾹 참고 있습니다. 화를 내고 싶어도 화를 내지 못하는 사람이 많습니다.

지금처럼 하면 화를 품은 채 계속 괴로워하는 사람이 늘어나게 됩니다. 그런 사태는 피해야 합니다.

화를 내야 할 때는 화를 내야 합니다. 다만 목표는 화를 내지 않아도 되는 세계를 되찾는 것입니다. 그래야 비로소 한 사람이 구원을 받음과 동시에 이 세상의 행복을 하나라도 늘릴 수 있습니다.

행복을 되찾기 위해서 화를 내야 할 때도 있습니다. 그러기 위해서라도 기술을 알아둘 필요가 있는 것입니다. 이것이 이 책을 집필한 첫 번째 이유입니다.

두 번째 이유는, 변하지 않는 일본의 모습에 위기감을 느꼈기 때문입니다.

이 나라 사람들이 확실히 불행하다고 할 수 있는 이유는, 의지 하나로 바꿀 수 있는 것들인 제도와 가치관 등이 전혀 바뀌지 않았기 때문입니다.

경제도, 노동 환경도, 교육도, 의료도 사람들의 의식과 법률에 따라 얼마든지 달라질 수 있는데, 정치의 기능 부전과 맞물리면서 변하지 않은 채 오랜 세월이 흘러버렸습니다.

아마도 이 나라는 출구가 보이지 않는 폐쇄 상태에 빠진 것 같습니다.

화를 내지 않으면—희망을 잃은 이 사회에 위기감을 느끼고 제대로 화를 낼 줄 아는 사람이 늘어나지 않으면—아무 소용이 없다. 이렇게 생각한 것이 두 번째 이유입니다.

　세 번째 이유는, 불교가 싸움을 포기하는 바람에 쇠퇴한 것에 대한 반성입니다.

　실제로 불교의 발상지인 인도에서는 사원이 파괴되고 승려들은 죽임을 당했으며 불교는 거의 사라졌습니다. 그 후에 점차 확대된 것이 카스트 차별입니다.

　비폭력을 주장하며 먼 미래의 '윤회로부터의 해탈'을 목표로 한 티베트는 어찌해 보지도 못하고 이웃 강대국에 점령당했습니다. 이제 국토는 영영 돌아오지 않습니다.

　동남아시아의 불교 나라들은 '미소의 나라'를 내세우지만, 태국에서는 국왕이 어마어마한 부를 독점하면서 계급 격차는 계속 벌어지기만 하고, 미얀마에서는 매일같이 군인들이 시민들을 죽이고 있습니다. 스리랑카는 경제 파탄과 민족 대립을 넘어서지 못하고 점차 국력을 잃어가고 있습니다.

　전통적으로 불교를 믿는 나라들에서 사람들이 행복해졌는가, 하고 묻는다면 답은 분명히 "아니오!"입니다.

　이런 현실을 직시해야 합니다. 그것이 세 번째 이유, 승려로서의 반성입니다.

이런 배경에서 쓴 것이 바로 이 책입니다. '멘탈 아츠 – 제대로 화내는 기법'이란 화를 낼 수밖에 없는 현실을 제대로 마주하는 기술이고, '제대로 화낼 줄 아는 사람'이 되기 위한 방법입니다.

사실 불교 세계에는 지혜의 검이라는 말이 있습니다. 당신도 한 손에 검을 쥔 불상을 본 적이 있지 않나요? 그것은 무기가 아니라 지혜의 상징입니다. 고통의 연쇄를 싹둑 베어버리는 예리한 지성을 표현한 것입니다.

이 책이 당신에게 건네고 싶은 것도 지혜의 검입니다. 만약 이후로 당신이 화에 사로잡힌다면 지혜의 검, 즉 부처의 기술을 사용하세요. 이 책을 펼치면 반드시 어딘가에서 그화를 치유하는 방법을 찾을 수 있을 것입니다.

그렇게 이 세상을 살아가고 마지막에는 평온함에 도달하였으면 합니다.

마지막으로 이 시대를 함께 살아가는 한 사람의 인간으로서 말씀드리고 싶습니다.

인간이 자신의 이익만을 탐하는 욕심에 사로잡혀, 다른 사람의 고통을 아랑곳하지 않고 세상을 바꾸어 나갈 방법을 진지하게 찾지 않게 되면, 이 세상은 마음의 마魔에 지배

되어 머지않아 반드시 멸망하게 됩니다.

하지만 세상에 고통을 주는 것은 인간의 마음입니다.

따라서 마음속에 지혜의 검—고통을 넘어설 의지와 기술—만 있으면, 반드시 이 세상은 계속 존재할 수 있을 것입니다.

인생이 화로 끝나는 것을 용납해서는 안 됩니다.
세상이 망하는 것을 허용해서는 안 됩니다.
왜냐하면 아직 방법이, 가능성이 남아 있기 때문입니다.

가능성이 있는 한 사람은 싸우지 않으면 안 됩니다. 고통을 넘어서기 위해서, 그리고 누구나 화내지 않아도 되는 세계에 도달하기 위해서 말입니다.

이런 희망을 바라보며, 다만 집착하지 않고 오늘 하루에 자신이 할 수 있는 일, 해야 할 일을 쌓아올려 나가는 것.

이러한 삶의 방식을 서로 이해하도록 이 책을 당신에게 건넵니다.

살아갑시다, 강인하게.

구사나기 류슌

마음을 굳게 하고 지혜의 검(기술)으로 싸워라.

손에 쥔 지혜를 살리는 것이다. 그저 행복을 위해서.

– 《법구경》

멘탈 아츠

부처의 지혜로 배우는 제대로 화내는 기법

초판 1쇄 발행 2025년 4월 7일

지은이 구사나기 류슌
옮긴이 박수현
펴낸이 신영병
마케팅 장유정
편집 노현주
표지 디자인 유어텍스트
본문 디자인 이수정

펴낸곳 한가한오후
출판등록 2024년 5월 23일 제2024-000129호
주소 서울특별시 영등포구 경인로 706, 6층 601호(문래동1가, 한양빌딩)
문의 boneseyou@naver.com
인스타그램 @hangahanpm

정가 17,800원

ISBN 979-11-990406-0-1 03320